CASGLU'R BRIWSION

CASGLU'R BRIWSION

JOAN DAVIES

GWASG PANTYCELYN

Dymuna'r cyhoeddwyr gydnabod cymorth
Adrannau'r Cyngor Llyfrau Cymraeg.

ISBN 1 874786 43 7

Clawr gan William Richard Jones

Cyhoeddwyd ac argraffwyd gan Wasg Pantycelyn, Caernarfon

ER COF AM

NELLIE, fy chwaer, na chafodd fyw ond chwech awr
ar y ddaear 'ma.

BETH, ffrind oes, a rannodd â mi lawer o'r profiadau
sydd yn y gyfrol.

LIZ, fy chwaer yng nghyfraith, na allai neb ddymuno cael ei gwell.

Carwn ddiolch i Wasg Pantycelyn am y gwahoddiad i gyhoeddi cyfrol arall o ysgrifau, ac i'r Cyngor Llyfrau Cymraeg am gefnogaeth.

Carwn hefyd ddiolch i Mr. R. Alun Evans am ei ganiatâd parod i gynnwys rhai sgriptiau a ddarlledwyd ar y rhaglen 'Sglein', ac am ei gyflwyniad cryno i'r gyfrol.

Diolch i Mr. William Richard Jones yntau am ei waith crefftus ar y clawr, ac i bawb fydd yn prynu ac yn darllen y gyfrol (gobeithio!), diolch yn fawr.

JOAN DAVIES

CYNNWYS

CYFLWYNIAD

Tydi o ddim yn beth neis iawn. Y teulu gosa', y wraig a'r plant yn edrych ar ei gilydd ar draws y bwrdd brecwast ac yn gwenu. Chithe â'ch bys, wedi llyfad gyflym i'r bys gosa' at y bawd, yn ymlid y briwsion oddi ar y plât nes codi pob un briwsionyn i'r geg yn ofalus fesul un ac un . . . nes sylwi trwy gornel fy llygad bod y teulu gosa' yn gellweirus ddynwared fy nycnwch!

'Ond mae gwell blas ar y briwsion na'r dafell,' meddwn innau. Ac mae hynny'n wir. Os nad ydech chi'n fy nghredu i yna fe fyddwch chi yn deall be' sy' gen i wedi darllen y gyfrol hon. Yr un fydd eich profiad chithe, bod gwell blas ar y briwsion . . . wel, am deitl da. 'Casglu'r Briwsion'.

Tros y blynyddoedd y bûm i yn cynhyrchu *Rhwng Gŵyl a Gwaith* ac yn ddiweddarach, *Sglein,* yr ydw i wedi cael y pleser o ddarllen sgyrsiau radio Mrs. Joan Davies ac o fod yn y stiwdio pan ddaw hi i recordio'r sgyrsiau hynny. Mae'r gwrando yn gwefreiddio'r glust.

Beth yw ei chyfrinach hi? Atgofus yw natur y sgyrsiau; cofio cyfnod plentyndod. A chofio'n fanwl gywir. Yn y manylu y mae peth o'r gyfrinach. Mae Joan Davies yn paentio darlun o gyfnod ac o ardal gan ddefnyddio brwsh bychan, pigfain i liwio pob cornel o'r canfas.

Talp o Geredigion a geir yma. 'Sir Aberteifi yn ei chrynswth', chwedl hithau. Mae'r synhwyrau i gyd ar waith. Rydech chi'n arogli'r adladd, yn blasu cynnyrch yr hen ffwrn wal; yn cyffwrdd â'r brethyn, yn teimlo'r glatsen ac yn gweiddi o lawenydd o gael rhannu y profiadau cyfareddol a ddaeth i ran yr awdur.

Ac nid yn Sir Aberteifi yn unig. Yn y gyfrol hon cawn ninnau gip drwy ei llygaid hi ar Inisheer, ar Enlli, ar Awstria . . . fe gawn ninnau chwarae efo'r anifeiliaid anwes — Pero, Pwten, Poni — a gwneud hynny mewn Cymraeg rhywiog. Dyna ran arall o gyfrinach yr awdures.

Llyfwch y bys gosa' at y bawd a chodwch y briwsion.

R. ALUN EVANS

Y CROCHAN

Ddeuddydd cyn y Nadolig y digwyddodd y drychineb. Trychineb fawr? Na, dim o gwbl, dim ond rhyw drychineb fach na fyddai'n golygu dim i neb, ond i mi.

'Wel, beth ddigwyddodd?' meddech chi. Mewn gair, dim byd mwy na bod hen grochan pridd wedi disgyn i'r llawr yn ddamweiniol, a rhan ohono wedi hollti i ffwrdd; hollt digon teidi, mae'n wir, a hollt, mae'n siŵr gen i, y byddai modd ei atgyweirio ped awn ati gyda'r adnoddau priodol.

'Pam, felly, sôn am ryw hen grochan di-sylw?' meddech chi eto. Wel, y mae mwy nag un rheswm am hynny. I mi, roedd y crochan hwn yn llawer mwy na chrochan. Bu'n rhan o 'mywyd i ers dros drigain mlynedd. Roedd e yn yr hen gartref ymhell o 'mlaen i. Yno y gadewais i e pan es i dros y nyth yn fy arddegau cynnar, ond pan fu'n rhaid chwalu'r cartref hwnnw flynyddoedd yn ddiweddarach, fe afaelais fel gelen yn yr hen grochan. Yma, gyda mi, y mae e wedi bod byth oddi ar hynny, yn dda i fawr o ddim, yr un ddyletswydd benodol ganddo i'w chyflawni, ond yma yn rhan o'm gorffennol, ac yn gyfrwng i mi allu aildramwyo rhai o lwybrau hud y gorffennol hwnnw drwyddo.

Ei swyddogaeth, fel y'i cofiaf yn ei ddyddiau gwaith, oedd derbyn yr hufen a lifai'n ffrwd fach sidêt o grombil dyrys yr Alpha Laval, drwy un o ddwy sbowt y separetor. (Drwy'r sbowt arall, gyda llaw, y llifai'r llaeth sgim yn fwyd a diod i lo a mochyn, ac yn ddeunydd crai i wneud y caws cartre yr oedd fy mam yn gymaint arbenigwraig ar ei wneud.) Gorsedd yr hen grochan oedd y llechen las ym mhen draw'r llaethdy, ac anaml iawn y symudid ef oddi yno, dim ond i wagio'i gynnwys i'r fuddai ar ddiwrnod corddi, ac i'w olchi. Ochr yn ochr ag ef, ar y llechen las, teyrnasai ei frawd mawr, y crochan llaeth enwyn, ond heb gynnwys y crochan bach, ni *fyddai* cynnwys i'r crochan mawr. Mewn gair, oni byddai hufen, ni fyddai llaeth enwyn. Does ryfedd, felly, fod y crochan bach yn rhyw led-ymwybodol o'i bwysigrwydd, yn ymhyfrydu yn ei ddefnyddioldeb, ac yn ymfalchïo'n fawr yn sglein ei gôt frown

13

urddasol. Roedd rhywbeth o'i gwmpas a'i gwnâi yn wahanol i'r rhelyw o grochanau. Welais i erioed un arall yn gwmws 'run peth ag e.

Rhaid bod y godwm a gafodd y bore o'r blaen, felly, wedi bod yn ergyd drom i'w falchder, yn brofiad diraddiol iawn iddo, a dweud y lleiaf. A fi oedd yn gyfrifol. Fedra i ddim rhoi'r bai ar neb arall. Doedd neb ond ni'n dau yn digwydd bod yma ar y pryd, a dwn i ddim yn iawn sut y digwyddodd y peth chwaith. Symud rhyw bethau yn y gegin gefn 'ma oeddwn i, a hynny ar fy mrys arferol, mae'n siŵr gen i. Un eiliad roedd y crochan yn ddiogel yn fy llaw, ond yr eiliad nesaf, roedd e'n ddeuddarn wrth fy nhraed, yn union fel pe bai rhyw law o'r anwel wedi'i drywanu o'm gafael. Aeth pang o euogrwydd trwof, ond fedrwn i wneud dim. Roedd y peth wedi digwydd, ond yn yr eiliad ryfedd honno fe lifodd rhes o brofiadau'r gorffennol ribidires drwy fy ymennydd ac o flaen fy llygaid.

Gwelais fy hun eilwaith yn blentyn, wyth i naw oed, yn ymlafnio i droi handlen y separetor, yn tynnu lan ac yn gwthio i lawr, yn colli fy ngwynt (a'm hamynedd!) ac yn ffaelu'n lân â chodi digon o sbîd (a hwnnw oedd y gair mawr yn y cyswllt hwn) i gael y gloch fach a lechai yng nghefn y separetor i ddistewi, a fyddai wiw troi'r tap i ollwng cynnwys padell fawr y separetor, sef y galwyni o laeth, cyn y byddai'r gloch wedi distewi; a byddai'n rhaid ei chadw'n ddistaw. Os ailddechreuai ganu byddai'n rhaid dyblu'r ymdrech i droi'r handlen yn gyflymach. Roedd e'n waith caled i blentyn, a bron nad yw'r chwys i'w deimlo'n ddiferion ar fy nhalcen y funud hon, dim ond wrth gofio am y profiad.

Fe welais fy nhad, yntau, ar ddiwrnod corddi, yr un mor egnïol uwchben handlen y fuddai yn ceisio troi hufen yn fenyn a llaeth enwyn. Doedd e ddim yn waith wrth fodd ei galon. Hyd y caeau, yng nghwmni'r anifeiliaid, yr oedd ei nefoedd ef, ond bodlonai i'r drefn. Troi a throi am oriau weithiau, yn enwedig pan fyddai'r hufen yn hufen meillion Mai. Ychwanegu dŵr oer, ychwanegu dŵr cynnes, ond dim yn tycio. Beio Mari Perllanpitar, y wrach o Gwm Arth, ac ofni mai ei melltith hi oedd yn gyfrifol. Ond waeth heb na beio neb — dim ond yn ei amser ei hun y dôi'r menyn.

Fe welais fy mam ar stepen y drws yn trin y menyn, ac yn ei guro'n ddidrugaredd, cawodydd o heli yn tasgu ohono, a'r ieir yn eu dychryn yn sgrialu i bob cyfeiriad gan feddwl, mae'n debyg, ei bod hi'n dechrau colli arni hi ei hun.

Fe welais fy nhad a 'mam yn mynd ochr yn ochr trannoeth yn y trap a phoni i Aberaeron i rannu'r menyn a'r llaeth enwyn sbâr i'w cwsmeriaid ffyddlon. Mynd ling-di-long, yn llythrennol 'ar drot i'r dre', y ddau mewn cytgord perffaith, ac yn mwynhau'r toriad byr a'r newid o galedwaith eu byw bob dydd. Am eiliad, cefais ail-flasu'r cacennau siop a'r bara ceirch a ddôi'n ôl yn y fasged fenyn, os byddai pris y farchnad yn dda, a byddai danteithfwyd felly yn wledd ar fwrdd cegin ffarm yn y cyfnod hwnnw.

A luchiais i'r hen grochan toredig i ffwrdd? Wel, naddo siŵr iawn. Ar hyn o bryd, mae e'n llechu dan fwrdd y gegin, allan o olwg llygad, ond un o'r dyddiau nesaf yma fe'i tynnaf allan, fe'i ymgeleddaf, a cheisiaf roi tipyn o hyder yn ôl yn ei gyfansoddiad. O hyn ymlaen hefyd, ceisiaf gofio cyngor doeth fy mam, 'Paid â bod ar gymaint o *hast* wir yn gwneud rhywbeth'. Ers deuddydd cyn y Nadolig, mae ei llais hi wedi bod yn hyglyw iawn yn fy nghlustiau. Ie, yr hen *hast* yna dorrodd fy nghrochan bach i!

MELIN PENTREFOELAS

Trip Merched y Wawr, ac aelodau cangen Penygroes wedi edrych ymlaen at gael diwrnod heulog braf, ond na, fore Sadwrn, y pymthegfed o Fehefin, fel ar bron bob bore o'r mis, roedd y glaw yn pistyllio i lawr, y gwyntoedd yn chwythu'n finiog, a'r cymylau'n cuchio'n fygythiol uwch ein pennau.

Trip prynhawn oedd y trip ac yn wir, erbyn tri o'r gloch, roedd pelydrau'r haul wedi rhyw led lwyddo i dreiddio drwy'r cymylau, a rhoi clytiau o awyr las yn y ffurfafen wrth i ni gerdded palmant stryd hirgul Betws-y-coed. Roedd hi'n hyfryd yno, yr afon yn byrlymu'n frochus dros y cerrig oesol, a'r coed ar eu gorau yn eu gwisgoedd gwanwynol o wyrdd amrywiol.

Ar ein ffordd i Bentrefoelas oeddem ni, i weld yr hen felin ar ei newydd wedd, melin wlad yn dal i weithio. Wrth edrych arni, fe lifodd yr atgofion yn ôl i mi, atgofion am felin fy mhlentyndod, melin pentre bach Aberarth, a'r melinydd barfog, rhadlon, diriedus ei lygad, yn wyn o flawd o'i gorun i'w sawdl, bob amser yn glên a bonheddig, hyd yn oed wrthym ni blant busneslyd.

Roedd yr olwyn ddŵr ar fin y ffordd yr aem i'r ysgol hyd-ddi. Gallem glywed ei sŵn yn troi o iard yr ysgol, a sleifiem yn ddi-ganiatâd weithiau, ar amser chwarae, i gael cip arni — ac i gael gwlychfa o'r trochion! Roedd peth felly yn hwyl, er bod ein mamau yn ein rhybuddio'n ddyddiol i gadw'n glir o 'bwll y felin'. Ond doedd dim perygl ond bod yn gall. Roedd yno ffens gref, ond eto, roedd yno her hefyd. Roedd angen tipyn o ddewrder plentyn i fentro at y ffens bren, sefyll arni, a rhythu i lawr i'r dyfnderoedd diwaelod, a gweld y dŵr yn cael ei gorddi'n ddidrugaredd yn fan'no.

I'r felin hon yr âi fy nhad ag ŷd y fferm i'w falu, mynd â sacheidiau ohono yn y cart a cheffyl, a minnau'n blentyn, cyn dyddiau ysgol, ac ar adeg gwyliau wedyn, yn cael mynd gydag e. Byddwn yn turio rhyw nyth fach gyfforddus, glyd i mi fy hun rhwng y sachau, yntau'n eistedd ar du blaen y cart ac yn llywio'r gaseg. Roedd bywyd yn braf ac yn hamddenol, a'r sgwrs yn ddifyr rhyngom, yn ein ffordd fach bersonol ni'n dau.

Aros yn y felin i ddisgwyl i'r melinydd falu dwy lond sach o ŷd, ac i ninnau gael sachaid o 'flawd crasu bara' a sachaid o 'flawd bwyd moch' i fynd adre gyda ni. Roedd angen dau fath o ŷd, wrth gwrs, i roi dau fath o flawd — gwenith a cheirch. Gadael y gweddill o'r sacheidiau yn y felin am ryw wythnos, i'r melinydd gael malu yn ei amser ei hun. Yna, byddai trip arall i nôl y blawd, rhagor o fynd ling-di-long yn y cart, rhagor o wynfyd i blentyn bach!

Na, welais i ddim byd newydd ym Mhentrefoelas, ond wrth edrych ar yr ŷd yng nghrombil y felin, ac mewn sachau hyd y llawr, fe gofiais yn syth am y pentwr ŷd yn y storws uwchben y cartws gartref — bwyd iâr ac anifail drwy fisoedd y gaeaf, ffrwyth cynhaeaf cartre wedi'i gario'n llafurus ar gefn i fyny'r grisiau cerrig llithrig. Gwelais unwaith eto y cathod, ar dywydd oer, yn gorweddian arno, yn fodlon iawn eu byd, yn diogi ac yn llygota am yn ail, a'r gronynnau ŷd yn hidlo drwy'u pawennau wrth iddyn nhw ymestyn eu coesau'n swrth. Bron na chlywn i'r oglau llygod hefyd. Ych-a-fi!

Mae'n gas gen i lygod, ac mae meddwl amdanyn nhw, heb sôn am eu gweld, yn rhoi 'croen gŵydd' i mi, ac yn gyrru iasau i lawr fy nghefn. Llygod mawr, llygod bach, llygod gwyllt, llygod dof, yr un teulu atgas ydyn nhw i gyd! Cofio'u baw nhw ym mhreseb y gwartheg, y lloi bach a'r ceffylau, a'r rheiny o'r herwydd yn gwrthod bwyta'u bwyd. Cofio amdanyn nhw'n ceisio dianc o'r teisi ŷd ar ddiwrnod dyrnu, a'r cŵn yn eu llarpio'n fyw weithiau, ond doedd dim ots gen i. Does gen i ddim teimlad at lygoden! Cofio'r bore y rhois i fy mraich yn ddigon diniwed i mewn i'r gasgen bwyd ieir, a chlamp o lygoden fawr yn crafangu'n bowld i fyny 'mraich i. Sôn am haerllugrwydd! Mae'r profiad yn aros yn hunlle i mi hyd heddiw.

Ie, dyna'r atgofion a ddaeth i mi yng nghwt y felin ym Mhentrefoelas, ac wrth deithio'n ôl ar y bws, fedrwn i ddim llai na theimlo rhyw fodlonrwydd braf o feddwl bod bri yn cael ei roi unwaith eto ar grefftau cefn gwlad hwnt ac yma yng Nghymru. Mewn llawer man bellach mae'r saer i'w weld yn ôl yn ei weithdy, mae'r gof yn ei efail, mae'r basgedwr yn plethu'i wiail, mae'r crochenydd wrthi'n moldio'i glai anhydrin, ac mae'r nyddwraig yn trin ei thröell, ac yn nyddu'r gwlân yn gelfydd ryfeddol.

Diolch bod rhai o'r hen grefftau llaw wedi'u hachub o safnau peirianyddol glwth ein cyfnod ni, a diolch hefyd fod o leiaf un gadwyn gyswllt rhwng ein presennol a'n gorffennol yn cael ei chryfhau'n ara deg.

Y TŶ PAIR

Oedd, mi roedd gennym ni un yn yr hen gartref, wedi'i leoli yn agos iawn at y tŷ byw. Mae'n hollol bosibl, er na wn hynny i sicrwydd, mai'r hyn a gofiaf i yn dŷ pair oedd y tŷ byw unwaith. O leiaf, roedd iddo ffenestr a simdde, a lle tân ar lawr yn y gornel. Llawr pridd oedd iddo, pridd wedi caledu'n galed, galed, pridd na fyddai byth yn glynu wrth esgid na chlocsen.

Roedd yn lle helaeth, ac iddo ddefnydd amlbwrpas. Dyna i chi fore dydd Llun, er enghraifft. Bore'r golchi fyddai hwnnw, a hynny mewn rhyw ddyfais bur wahanol i'r peiriannau golchi soffistigedig sydd ar gael heddiw. Rhywbeth digon tebyg i gasgen ar deirtroed ansad, a handlen hir o bren ar ei dop oedd ein peiriant ni, ac wrth dynnu'r handlen o ochr i ochr, câi rhyw ddyfais freichiog ei throi y tu mewn, a throelli'r dillad i symud y baw — yr un syniad yn union ag a geir yn y golchwr troelli cyfoes, dim ond bod technoleg wedi gwella cryn dipyn ar y ddyfais erbyn hyn.

Gwaith wythnosol fy nhad, yn union ar ôl brecwast, fyddai trin y peiriant golchi, neu'n hytrach trin yr handlen. Gwaith fy mam fyddai trin y mangl a oedd yn rhan ohono. Fy ngwaith innau'n blentyn fyddai llywio'r dillad o'r mangl i'r badell sinc a fyddai'n disgwyl amdanynt, yn enwedig y pethau mawr trymion fel cynfasau, tywelion, ac yn flynyddol, adeg y glanhau gwanwynol, y carthenni a'r blancedi. Doedd e ddim yn waith pwysig iawn, ond i mi, ar y pryd, mi roedd e, a'r funud hon gallaf weld y dŵr yn llifo'n ffrydiau o wasgiad y ddau roler, a gallaf deimlo'r boddhad o weld y dillad glân yn disgyn yn lliprynnau hirion, diymadferth i'r badell. Yn y tŷ pair y cedwid y peiriant golchi cyntefig hwn bob amser.

Yn y gornel ar y chwith yr oedd y lle tân, lle tân coed, ac mewn ffwrn fawr arno y câi'r dillad gwynion, y cynfasau, y gorchuddion gobenyddion, a'r tywelion eu berwi'n wythnosol, eu berwi nes bod trochion dŵr sebon yn llifo trosodd i lygad y tân weithiau, yn diffodd y fflamau, ac yn sychu'n rhimynnau gwynion hyd ochrau'r ffwrn. O'r ffwrn hefyd y câi'r dŵr chwilboeth ei godi i'r peiriant golchi. 'Beth am ddŵr o'r tap?' meddech chi. Wel, doedd gennym ni ddim o'r fath beth, dim ond dŵr o'r ffynnon, a byddai angen ei gario'n ddyddiol i'r tŷ.

Yn yr un ffwrn, ac ar yr un lle tân, y câi'r plwm pwdin yntau ei ferwi bob blwyddyn, ei ferwi'n foliog yn ei fag calico, a thipyn o gamp fyddai gwneud hynny'n llwyddiannus, heb i'r dŵr fynd i'r pwdin.

Mewn cornel arall cedwid rhyw bentwr go lew o datws at iws pob dydd. Byddai'r gweddill mewn cladd yn yr ydlan, dan glots a rhedyn a manion cyffelyb, i'w cadw'n sych a diddos, ac allan o afael rhewynt gaeaf. Yn aml iawn, wrth fynd i nôl tatws o'r tŷ pair, cawn fod llygoden wedi cael ei dant yn ambell un. Byddai ôl y brathu miniog i'w weld ar groen y daten. Âi iasau i lawr fy nghefn, a rhedwn yn ôl i'r tŷ. Dydy llygod a minnau fawr o ffrindiau!

Yn y gornel arall roedd y glo, tunnell ar y tro, wedi'i gario yn y cart a cheffyl o'r orsaf reilffordd agosaf, ryw ddwy filltir i ffwrdd. Glo da fyddai e hefyd — glo De Cymru, yn sglein i gyd, ac yn llosgi'n lân, ac yn llwyr, ac yn wresog. Wrth ochr y glo, yn llychlyd drosto, câi'r morthwyl mawr ei gadw, clamp o forthwyl trwm y byddai angen bôn braich go dda i'w drin. Hwn fyddai'n cael ei ddefnyddio i dorri'r clapiau glo mawr yn glapiau llai, haws i'w trafod. Byddai ei goes yn dewach nag y gallwn i afael ynddi, ac yn ddistaw bach byddwn yn diolch am hynny! Fyddai dim rhaid i mi dorri'r glo.

Yn y bedwaredd gornel, byddai pentwr o flociau coed, cynnyrch y fferm, yn cael eu cadw'n sych a hwylus at iws. Rywdro, ddiwedd Hydref neu ddechrau Tachwedd, byddai fy nhad wedi bod am ddyddiau yn y goedwig wrth yr afon yn torri coed, neu'n hytrach yn cwympo coed â bwyell enfawr. Byddai ffordd arbennig o wneud hynny, a byddai'n waith eithaf peryglus. Byddai'n rhaid torri fel bod y goeden yn disgyn i gyfeiriad arbennig, a chrefft y profiadol fyddai hynny.

Llusgo'r coed adref at y tŷ wedyn, a hynny hyd y ddaear, am ryw filltir a hanner o ffordd. Gorau i gyd os byddai wedi rhewi ychydig, a'r ddaear yn sych a chaled. Byddai'r ddau geffyl, un o flaen y llall, yn deall eu gwaith i'r dim, ac yn tynnu'n ufudd i orchmynion fy nhad. Wedi cael y coed i gyrraedd y garn goed wrth ymyl y tŷ, ryw ddiwrnod fe ddôi cyfle i dorri'r canghennau i ffwrdd. Wedi eu torri'n fân, byddent yn goed hwylus iawn i ddechrau tân yn y boreau. Ryw ddiwrnod arall, dôi cyfle i 'nhad a 'mam, un bob pen i'r llif, drawslifio rhai o'r boncyffion yn ddarnau gweddol fach, ac yna'u hollti yn flociau bach hwylus — hwylus i'w llosgi yn y grât o dan y ffwrn wal, a hwylus i'w llosgi ar dân y tŷ pair.

Rhwng cornel y glo a chornel y blociau coed yr oedd yna goffor mawr, yn union o dan y ffenestr — coffor cadw blawd i'r gwahanol anifeiliaid. Byddai'n gas gen i godi'r clawr am y gallai fod llygoden yno! Wyddai rhywun ddim ymhle i gael y cnafon dig'wilydd hynny. Fe welais rai yno laweroedd o weithiau; lluchiwn y gath i mewn atynt, cyfaddef wrth fy mam, a gofyn iddi hi ei thynnu allan wedi i'r gath gael ei digoni. Awn i ddim ar gyfyl y tŷ pair am ddyddiau wedyn!

Ar ganol y llawr yr oedd y stond, casgen bren fawr i gadw tatws berw'r moch, a rhaid i mi gyfaddef nad oedd dim yn ddeniadol iawn yn ei chynnwys digon drewllyd, ond byddai'r moch yn ei larpio'n awchus yn gymysg â blawd cartref. Ond dyna fe, mae rhyw ddirgelwch mawr am stumog mochyn on'd oes? Bnawn Llun, ar ôl gorffen y golchi, y câi'r tatws eu berwi ar yr un tân, ond nid yn yr un ffwrn, wrth reswm. Ffwrn i ferwi dillad a phlwm pwdin, a ffwrn i ferwi bwyd moch oedd y drefn.

Yn olaf, hwnt ac yma hyd y llawr pridd, byddai cofleidiau o goed tân mân yn bentyrrau bach taclus, tanwydd at ddechrau tân yn y bore, a dyrnaid o eithin crin ar ben pob un. Does dim curo ar eithin crin i ffaglu tân, a pha olygfa mwy cartrefol na mwg tân coed yn codi'n ffrwd lwydlas drwy'r simdde yn y bore bach gan addo diwrnod braf?

Yn fras, dyna gynnwys y tŷ pair, y tŷ berwi yn ei ystyr wreiddiol mae'n debyg — lobscows o le, digon diddorol, a hollol hanfodol ar fferm yng nghyfnod fy mhlentyndod i. Rwy'n falch i mi fod yn llygad-dyst o'i fodolaeth!

DWYLO

Mae gen i blác bach pren, a 'dwy law yn erfyn' wedi'u cerfio arno, yn hongian ar wal fy ystafell wely. Mae'n waith cywrain iawn. Rhodd ydoedd gan gyfeilles o'r Almaen pan oeddwn i'n wael rai blynyddoedd yn ôl. Er y dydd y derbyniais i ef mae'n hongian yn yr un lle, y peth diwethaf a welaf cyn cau llygad am y nos, a'r peth cyntaf a welaf eto wrth ddeffro yn y bore. Mae gennyf feddwl mawr o'r gwaith cerfiedig hwn am fwy nag un rheswm. Mae'n symbol o'r cyfeillgarwch a fu rhyngof a'm ffrind er pan ddaeth hi drosodd o'i gwlad i fod yn athrawes am gyfnod yn un o ysgolion De Cymru, ac mae'r dwylo plethedig hefyd yn symbol o weddi, ac o ddibyniaeth rhywun ar bŵer uwch, na allaf i, rwy'n cyfaddef, ei ddirnad yn llwyr.

Ofnaf mai'n tuedd ni yw cymryd ein dwylo yn ganiataol. Fyddwn ni'n meddwl weithiau, tybed, sut y byddai hi arnom ni heb ddwylo? Byddai'n anodd iawn arnom. Maent yn gwneud cant a mil o fân orchwylion yng nghwrs diwrnod. Ond hyd y gwn i, y ni, bobl (a mwncïod efallai), yw'r unig rywogaeth sydd â dwylo gennym. Byddaf yn dotio, serch hynny, at y ffordd y gall aderyn ac anifail ymdopi heb ddwylo. Pawen a cheg, trwnc a phig; dyna'r unig arfau sydd ganddynt, ac eto fe lwyddant yn rhyfeddol i gyflawni anghenion eu byw. Lladd, trin ysglyfaeth, bwyta a chodi cartref — gallant wneud y cyfan yn ddi-ddwylo. Mae nythod adar yn un o'r pethau hynny sy'n fy swyno fwyaf — yr amrywiaeth anhygoel, y cywreinrwydd, y perffeithrwydd, boed hi'n nyth o wair a gwlân a mwsogl, yn nyth o frigau, neu hyd yn oed yn nyth o fwd, fel nyth y wennol neu'r fflamingo. Buasai'n dda gennyf pe bai gen i hanner dyfalbarhad ac amynedd y crefftwyr hyn wrth eu gwaith!

Mae dwy ochr i waith dwylo wrth gwrs. Gallant greu gorchestwaith fel y gwnaeth llawer arlunydd, cerddor, saer maen a saer coed. Gallant hefyd greu distryw, fel sy'n amlwg iawn yn ein byd ni heddiw, ac wedi bod felly, o ran hynny, ar hyd y canrifoedd. Mae'r da a'r drwg wedi cydfodoli erioed. Onid rhyw gystadleuaeth ddiderfyn rhwng y ddwy elfen yma yw bywyd? Y tu ôl i'r cyfan, mae'r meddwl dynol. Yn gweithredu'r cyfan, i raddau helaeth, y mae'r dwylo dynol.

Gall dwylo ddweud cryn dipyn am waith a chymeriad pobl — dwylo meddal, tyner; dwylo caled, creithiog; dwylo sy'n cael cymaint o ofal fel nad ydynt yn addas i wneud unrhyw waith, a'r dwylo sy'n gorfod ymlafnio'n ddyddiol â chaledwaith cael dau pen llinyn ynghyd. Adlewyrchiad ydynt o fyw pob dydd pobl.

Y llaw agored wedyn. Mae hi'n agored i roi, ac mae hi'n agored i dderbyn. Rywle yn y canol, dybiwn i, y mae'r cyfaddawd call. Gall y llaw estyn cymwynas a charedigrwydd. Gall wneud daioni. Gall hefyd wneud drwg. Gall ymosod, gall ladd, gall ryfela, gall ddwyn, a gall gribinio elw i'r fath raddau nes gwneud rhywun yn 'sglyfaeth i drachwant. Rhaid rheoli'r dwylo!

Y llaw yw un o'r pethau cyntaf y bydd plentyn bach yn gafael ynddo. Yn gafael mewn llaw y cymer ei gamau cyntaf yn betrus ar daith bywyd. Dyna pryd yr amlyga o ddifri ei ffydd mewn rhiant, perthynas neu gyfaill. Y mae'n gam pwysig iawn, a'r fenter yn un fawr iddo.

Adlais o'r un ffydd a menter yw'r cwlwm priodas. Cychwyn ar daith newydd yw hynny hefyd, a thrwy'r dwylo y cyflwynir y modrwyau yn symbol o'r addewidion a wneir.

Pan ddaw marwolaeth wedyn, y peth olaf a wneir, gan amlaf, yw gafael mewn llaw. Dyna'r ddolen gyswllt derfynol rhwng anwyliaid cyn ffarwelio am byth. O'r crud i'r bedd y mae'r dwylo yn bwysig.

Y mae rhai pobl yn honni y medran nhw 'ddarllen' dwylo. Wn i ddim yn iawn beth i'w feddwl am hynny. Fe welant ryw wythïen neu linell gyfoeth, llinell cariad, llinell hir oes, llinell hapusrwydd, llinell siom, ac ymlaen ac ymlaen. Unwaith yn unig y gwnes i ymweld â pherson felly, a hynny mewn ffair yn un o drefi De Cymru, flynyddoedd lawer yn ôl bellach. Roedd ganddi fwth lliwgar yng nghanol y ffair, a'i gwisg a'i phenwisg yn fwy lliwgar fyth, a phentwr o dlysau ac addurniadau yn sgleinio'n danbaid hyd-ddi o bob cyfeiriad. Un o'r troeon hynny pan fu chwilfrydedd yn drech na synnwyr cyffredin yn fy hanes i oedd hwnnw! Yn fy llaw agored fe welodd y wraig honno ryw ddyfodol anhygoel i mi — llwyddiant, cyfoeth, hapusrwydd, cariad, awyr las, ddigwmwl — popeth y gall y byd hwn ei gynnig. Rhaid fy mod i wedi colli'r llwybr tuag atynt yn go ddrwg yn rhywle! Ond roedd e'n brofiad ar y pryd.

Mae gen i fwy o ffydd, serch hynny, yn y dwylo pleth ar y pren cerfiedig yn f'ystafell wely. Fe ddaliaf i syllu ar hwnnw!

Y BWRDD BACH

Mae e wedi mynd drwy'r drws cefn 'ma ers dros wythnos, ac mae'i le fe'n wag yn y stafell fyw. Dydw i ddim yn cofio bod hebddo fe erioed. Roedd e yng nghartre 'mhlentyndod i o 'mlaen i, ar ochr chwith fy ngwely. Dros ei wyneb roedd lliain gwyn, startslyd, a rhimyn o lês gwaith llaw o gwmpas ei ochrau, a phob math o drugareddau yn cael eu cadw blith draphlith yn y drôr bach yn ei ochr — fy mhethau bach personol i fy hun, yn bapur a phensel, rwber a chreion, llyfr paentio neu ddau, blwch blocs, dillad doliau, a'r hen dedi bêr annwyl, wrth gwrs. 'Dim llawer', meddech chi. Na, ond doedd gan blant ddim llawer bryd hynny, dros drigain mlynedd yn ôl.

Rydw i wedi symud tŷ fwy nag unwaith yn ystod fy oes, ond fel pob cyfaill ffyddlon, fe ddaeth y bwrdd bach gyda mi i bob un, weithiau i gornel ystafell wely, bryd arall i barlwr neu ystafell fyw, ble bynnag y byddai fwyaf defnyddiol. Roedd e'n hawdd iawn i'w drin, yn derbyn ei dynged yn ddirwgnach, dim ond iddo gael bod rywle yn agos at fyw pob dydd y teulu.

Ond er i ni gyd-fyw am gyfnod pur helaeth, bwrdd fy mhlentyndod fydd e i mi am byth. Ar hwn y byddai'r gannwyll yn ei chanhwyllbren yn glafoerio'i gwêr wrth i mi ymlafnio i geisio darllen yn fy ngwely, yn y llwyd olau, cyn syrthio i gysgu, a mam wedi fy siarsio i fod yn ofalus na chysgwn i ddim heb ddiffodd y gannwyll. Gwrando, darllen pwt, gwrando eto, a'i chlywed hi'n stwyrian yn ei gwely, yn dal yn effro, rhag ofn. Fedrwn i ddim darllen yn hir. Byddai fy llygaid yn dechrau llosgi, a byddai'n rhaid i mi gau'r llyfr. Yna, dechreuwn freuddwydio yng ngolau'r fflam bigfain, breuddwydio am ryw Afallon blant lle byddai mil a mwy o deganau diddorol, llwythi o ffrwythau, a siocled a chnau mwnci, dillad crand i ferched bach fel fi, a cheiniogau'n llifo'n ddi-baid i'm pocedi o rywle na wyddwn i ddim yn iawn o ble. Heb yn wybod i mi, byddai'r hen gannwyll wedi llosgi i'w gwaelod, a'r wic wedi boddi yn y diferion gwêr olaf. Byddai'n d'wyllwch wedyn, a chysgwn innau.

Ar y bwrdd bach y cadwn i hynny o lyfrau darllen a fyddai gen i — llyfrau wedi'u hennill am fynychu'r Ysgol Sul, neu am gyrraedd safon weddol deilwng mewn ysgol ddyddiol gan mwyaf. Byddwn yn eu darllen trosodd a throsodd, hyd syrffed weithiau, ond doedd dim arian i brynu llyfrau newydd, a doedd dim llyfrgell gyhoeddus wrth law, hyd yn oed os oedd y rheiny'n bod bryd hynny.

Yn fwy na dim, fe'i cofiaf pan fûm i'n ddifrifol wael yn bedair oed, wedi cael llid ar yr ysgyfaint. Mae hynny yn un o'r atgofion cynharaf sy gen i. Gorwedd yn ddiymadferth ar fy ochr yn y gwely, yn gweld dim ond y bwrdd bach wrth yr erchwyn, jwg o ddŵr lemwn arno, a chwpan rhyfedd ar siâp tebot wrth ymyl y jwg i'm bwydo â'r ddiod, am na chawn i godi 'mhen o'r gobennydd, neu'n hytrach am na *fedrwn* i godi 'mhen. Mae'r cwpan hwnnw gen i heddiw. Hwyrach mai ef achubodd fy mywyd i. Wn i ddim.

Cofio fy rhieni yn sôn am ryw nawfed diwrnod, a'r disgwyl i mi droi ar wella. Hanner ymwybodol oeddwn i. Ond fe ddaeth y nawfed diwrnod, ac fe ddechreuais innau atgyfnerthu. Gallaf sicrhau pawb, felly, nad coel gwrach mo'r dywediad. Cofio gallu eistedd i fyny yn y gwely wedi'r dyddiau hir o orwedd yn llonydd. Cofio'r boddhad o allu blasu bwyd a diod unwaith eto. Cofio'r sylw diolchgar a gawn i gan deulu a ffrindiau, a chyn pen fawr o dro, y bwrdd bach yn bentwr o orennau a 'falau, bisgedi a melysion, a phob math o roddion dymuniadau da. Bron iawn nad oedd fy Afallon ddychmygol i wedi cyrraedd!

Cofio'r cyfnod hir o orwedd yng ngolau'r gannwyll bob min nos wedyn, tra byddai fy rhieni allan yn y beudy yn godro ac yn cadw noswyl pob anifail ar y ffarm. Oriau o wylio tafod y fflam yn cyrlio'n chwareus mewn chwa o awel, weithiau'n mygu'n ddu, a phryd arall yn llyfu ochrau'r gannwyll yn bibonwy gwêr. Cofio plethu deuddwrn yn un, i gael siâp pennau anifeiliaid yn gysgod ar y wal, a chodi'r bodiau i roi clustiau iddyn nhw — siâp pen ci, cwningen a llwynog, ie, a hyd yn oed jiráff. Am hwyl diniwed, yno ar fy mhen fy hun, a dim ond cannwyll ar y bwrdd bach yn daflunydd i'r lluniau!

Does ryfedd, felly, i mi deimlo chwithdod go fawr y dydd o'r blaen pan aeth e drwy'r drws 'ma am y tro ola. Roeddem ni wedi bod yn agos iawn at ein gilydd am oes. Ond doedd fawr o ddewis.

Roedd y pry dodrefn wedi cael ei ddannedd yn ei goesau bregus ers tro, ac roedd yn rhaid i minnau fod yn synhwyrol, a chydnabod ei fod wedi cael oes hir a defnyddiol. Ond, yn ei fynd, 'roedd pennod arall, pennod hollol bersonol, yn fy mywyd innau wedi dirwyn i ben. Peth fel'na yw bywyd!

AROGLEUON

Ydyn, maen nhw'n rhan o fywyd — arogleuon dymunol, cartrefol, braf, a hefyd arogleuon annymunol, atgas, digon â chodi cyfog ar rywun.

Tri phegwn fy mhlentyndod i oedd cartref, eglwys ac ysgol, ac roedd rhyw arogleuon amrywiol yn gysylltiedig â'r tri lle, arogleuon sydd wedi aros yn fyw iawn yn y cof hyd heddiw.

Dyna i chi'r cartref. Arogl torthau ffres, newydd eu crasu yn y ffwrn wal. Cyrraedd adre o'r ysgol yn llwglyd, a gwybod ar ddydd Mercher y byddai rhes o dorthau wedi'u gosod ar eu hochrau ar y llawr carreg wrth droed yr hen gloc mawr, yno i oeri a 'chwysu' bob yn ail! Gwybod y cawn i frechdan neu ddwy o'r 'dorth fach', torth y gweddillion, i de yn damaid i aros pryd. Gwylio fy mam yn ei thafellu, a'r crystyn caled yn tasgu i bob cyfeiriad. Minnau'n glafoerio bron wrth weld y menyn cartre yn toddi'n hylif ar gynhesrwydd y tafelli. Ie, arogl crasu bara ar aelwyd. Hyfryd!

Arogl gwell fyth fyddai arogl yr ŵydd yn rhostio yn y ffwrn wal ar fore Dydd Nadolig. Mam fyddai'n aros gartref i wneud y coginio; fy nhad, fy mrawd a minnau'n mynd yn ddi-ffael i'r gwasanaeth yn yr eglwys, rhyw gwta filltir o daith. Cyrraedd yn ôl, ac arogl yr ŵydd rost yn dod i'n ffroenau ymhell cyn i ni gyrraedd y gegin, yn wir, ymhell cyn i ni gyrraedd y tŷ. Gŵydd wedi'i magu ar fwyd iach, a stwffin cartre lond ei bol. Y mae blynyddoedd maith er i mi brofi cig felly, nac arogl tebyg. Go brin y gwnaf byth eto, yn oes y pesgi sydyn, artiffisial yma.

Ham cartre, wedyn — ham o fochyn wedi'i besgi ar datws berw a blawd ceirch, ham o'r badell ffrïo, a'r saim blasus yn drwch hyd-ddi. Dyna i chwi arogl — digon i dynnu dŵr o ddannedd gosod! Waeth faint a dalaf am ham heddiw, waeth faint a gwynaf, fedra i ddim cael blas nac arogl yr ham henffasiwn yn nhŷ fferm fy hen gartref. Mae'n chwith ar ei hôl!

Arogl beudy neu stabal ar ddillad fy nhad a 'mam wrth iddynt ddod i mewn i'r tŷ ar noson aeafol, wedi bod yn godro'r gwartheg a bwydo'r ceffylau. Tua chwech o'r gloch y digwyddai hynny; a na, doedd e ddim yn arogl annymunol, dim ond rhyw arogl unigryw sydd wedi aros gyda mi hyd heddiw. Byddai hefyd yn arwydd o bleser, am mai'r peth nesaf fyddai'n digwydd fyddai swper, cyn eistedd yn deulu cyfan i ymlacio o flaen tanllwyth o dân coed a glo, pawb yn ymgolli yn ei ddifyrrwch ei hun, a dim radio na theledu i ddrysu sgwrs.

Arogleuon o fewn y tŷ oedd y rhain. Beth am arogleuon y tir? Arogl gwair ddiwrnod ar ôl iddo gael ei dorri. Fydda i byth yn blino arno. Byddwn yn mwynhau mynd am dro hyd dir y ffarm gyda'r nos ddiwrnod lladd y gwair. Byddai'r ystodau yn gorwedd yn llyfn a threfnus rhwng y cloddiau, a'r arogl yn falmaidd. Cawn fwynhau arogleuon tebyg wrth helpu ar ben y das rai dyddiau'n ddiweddarach. Hyd heddiw gallaf arogleuo gwair crin o bell.

Arogl pridd coch wedyn, pridd âr, a'r pryfed genwair yn cordeddu drwyddo. Arogl iach, yn dwyn i gof de ar ben talar tra bod y pâr ceffylau yn cael rhyw seibiant bach, a dyrnaid o ŷd yn fonws gwaith. Byddai blas te pen talar yn wahanol i de tebot rywsut. Mae'n siŵr fod a wnelo arogl y pridd ffres rywbeth â'r peth.

A sôn am de pen talar, roedd un o'r caeau ar y fferm a rhyw gornel fach arbennig o gysgodol yn perthyn iddo. Byddwn wrth fy modd yn cael y te yn y fan honno, yn enwedig yn nhymor y gwanwyn, pan fyddai blodau'r eithin ar eu gorau. Clystyrau o felyn tanbaid yn suo yn yr awel, ac yn gwasgar eu persawr i bob cyfeiriad. A oes hafal i arogl blodau'r eithin? Dim i mi. Gallwn eu ffroeni am oriau, yn enwedig wedi cawod ysgafn o law mân. Blodau gwyddfid a rhosynnau gwyllt, wedyn. Maent yn hardd i edrych arnynt; maent yn hyfryd eu persawr hefyd. Byddaf yn diolch yn aml am gael fy magu yn y wlad, ac am gael byw drwy fy oes o fewn cyrraedd gogoniannau byd natur.

Am yr eglwys, un arogl sy'n aros yn glir iawn yn y cof yw arogl blodau eto, y daffodiliau a'r narcissi yn bennaf, ar yr allor ar fore Sul y Pasg. Wedi hirlwm tymor y Grawys, a'r eglwys wedi bod heb flodau am wythnosau, byddai camu drwy'r drws ar fore Sul y Pasg, a phersawr hyfryd y blodau yn llenwi'r ffroenau, yn brofiad a erys yn rhan ohonof am byth.

Arogl gwres y lampau paraffin, wedyn, yn yr un eglwys drwy dymor y gaeaf. Mynd i mewn drwy'r drws, wedi taith gerdded o ryw dri chwarter milltir yn yr oerni, a llythrennol deimlo'r gwres yn fy meddiannu'n dyner — ac weithiau'n fy nadmer! Y lampau henffasiwn yn hael eu croeso i bawb, a rhywbeth yn gartrefol ryfeddol yn arogl y paraffîn yn araf losgi yn eu boliau. Mae'n wir y byddent ychydig yn anystywallt ar brydiau, yn hisian ac yn mygu, dim ond i ddangos eu bod nhw yno, ond dyna pryd y byddai'r arogl ar ei orau, wrth gwrs, a thymer y gofalwr ar ei gwaethaf!

Arogleuon dymunol oedd y rhain i gyd, ond yr oedd yna arogl arall hefyd heb fod mor ddymunol — arogl yn gysylltiedig â'r ysgol, arogl dillad gwlybion yn sychu wrth danllwyth o dân glo. Un o blant y wlad oeddwn i, a thaith o filltir gen i i gerdded i'r ysgol, beth bynnag fyddai'r tywydd. Cofio ambell fore eithriadol o stormus yn y gaeaf, a chyrraedd yr ysgol yn wlyb diferol, dŵr wedi treiddio i'm hesgidiau, a'r hen sanau duon, hirion hynny — coffa da amdanynt! — yn glynu fel lastig am fy nghoesau. Cael derbyniad digon gwresog gan yr athrawes, a'r gorchymyn arferol — 'o flaen y tân 'na nawr ar unwaith'. Hynny, wrth gwrs, yn plesio, ac yn golygu dim gwersi!

Rhes ohonom ni, blant y wlad, yn cael yr un driniaeth — tynnu'n sanau a'n sgidiau, — gan obeithio bod ein traed ni'n rhesymol lân! — a gorfod eistedd yn droednoeth yn hanner cylch ar stolion celyd o flaen y tân, ein sgidiau ar y llawr, heb fod yn rhy agos at y gwres, rhag difetha'r lledr, a'n sanau a'n cotiau ar y giard gwarcheidiol o'n blaenau. Dim gennym i'w wneud, dim ond sibrwd cyfrinachau wrth ein gilydd, rhythu o'n blaenau, a chael ambell bwl bach o chwerthin diniwed wrth i gymylau o ager afiach godi o'r dillad gwlybion o'n cwmpas. Ych-a-fi! Mae'n gas gen i arogl dillad yn cael eu sychu'n annaturiol byth oddi ar hynny, a byddaf yn diolch yn wythnosol am y peiriant bach sychu dillad hwylus sydd gen i heddiw. Mae'n werth y byd, ac yn cadw'r arogl drwg rywle y tu mewn i'w fol! Ond eto, o ddewis, rhowch i mi ddillad wedi'u sychu allan ar y lein, a ffresni'r awyr iach yn eu plygion, bob gafael.

Ie, dyna nhw, rhai o'r arogleuon a aeth yn rhan o'm cyfansoddiad yng nghwrs y blynyddoedd. Mae rhai ohonyn nhw wedi diflannu am byth yn nhrefn Amser. Mae eraill yn aros. Fe'u trysoraf bob un, am eu bod yn rhan annatod o'm gorffennol, ac yn rhan o'm presennol hefyd.

30

CASGLU

Fûm i erioed yn un dda am gasglu — mynd o ddrws i ddrws, ysgwyd tun bach crwn, gwenu'n ffals a gobeithio'r gorau.

Rhyw ddwywaith erioed y cofiaf i mi wneud peth felly. Plentyn rhyw naw neu ddeg oed oeddwn i y tro cynta. Dydw i ddim yn cofio at beth roeddwn i'n casglu, ond casglu bach lleol iawn oedd e. Mynd o ffarm i ffarm ym mro fy mebyd, a'm ffrind a minnau'n cael croeso tywysogaidd gan bawb, a cheiniog fan hyn, afal fan draw, neu ddarn o deisen yn ein llaw, yn rhoddion ychwanegol i ni'n hunain bron ym mhob lle. Fe wnes i fwynhau'r profiad hwnnw.

Flynyddoedd yn ddiweddarach y bûm i'n casglu wedyn, a hynny mewn pentref cymharol fawr. Doedd y croeso ddim byd yn debyg. Cilwg ac amheuaeth a'm hwynebai o'r tu ôl i amryw o ddrysau hanner caeëdig. Ches i fawr o hwyl arni, a dyna'r tro olaf i mi wirfoddoli i fynd i gasglu at unrhyw achos da. Eto, rwy'n edmygydd mawr o unrhyw un arall sy'n barod i wneud y gwaith digon di-ddiolch yma — curo ar ddrysau, sefyll ar gornel stryd ym mhob tywydd, neu apelio ac apelio am gyfraniadau drwy air a gweithred. Fu erioed y fath gasglu ag sydd heddiw. Fu erioed gyfnod o ddibynnu cymaint ar roddion gwirfoddol. Ysbytai, sefydliadau crefyddol, ysgolion, mudiadau dirifedi, pawb yn gweiddi'n groch am friwsion ariannol o'n pocedi. Casglu, casglu, casglu — bron nad yw'r gair wedi mynd i ferwino'n clustiau, ac yn syrffed.

Fûm i erioed yn un am hel creiriau chwaith — hel jygiau, hel platiau, hel llestri, hel addurniadau copr, pres neu arian. Na, dim diolch, mae gormod o waith glanhau arnyn nhw! Nid dyna fy nefoedd i.

Yn blentyn, fe fyddwn yn casglu mân gardiau, cardiau mewn pecynnau te neu bacedi sigarennau. Drwy gyfnewid â chyfoedion ysgol, ac anfon i ffwrdd am rai na lwyddwn i'w cael, bu gennyf sawl set gyflawn — lluniau o adar, blodau gwyllt, cŵn, rhyfeddodau'r bydysawd, a llawer peth arall. Mewn oes brin o lyfrau i blant, cawn foddhad mawr yn darllen a darllen y wybodaeth ar y cefn, ac yn syllu ar y lluniau lliwgar. Fe ddysgais lawer oddi wrth y cardiau deniadol hynny. Roeddynt yn setiau da, ac mae rhai ohonyn nhw'n dal gen i heddiw.

Y casglu hwnnw, hwyrach, a enynnodd ynof y diddordeb mewn casglu pethau fel hen ddywediadau a diarhebion diddorol, ofergoelion ac arferion cefn gwlad ar hyd y blynyddoedd. Mae gennyf gasgliad helaeth ohonynt. Mae bywyd cefn gwlad wedi newid cymaint, hyd yn oed o fewn fy oes i. Daeth annibyniaeth i chwalu'r gymdeithas glòs. Daeth llwyddiant bydol i glwyfo cymwynasgarwch. Mae gwerth mawr i mi yn yr hen ddywediadau a'r hen arferion — y naill ynghlwm wrth y llall rywsut. Yng nghefn gwlad y mae fy ngwreiddiau i.

Peth arall y byddaf yn ei gasglu yw lluniau — lluniau camera a lluniau cardiau post. Ble bynnag yr af, byddaf yn tynnu lluniau, ac yn prynu cardiau post. Mae gen i gannoedd ohonyn nhw — lluniau teuluol, wrth gwrs, a lluniau wedi'u tynnu a'u prynu ar deithiau. Rwyf wrth fy modd yn teithio ac yn gweld lleoedd newydd. Fydda i byth eisiau aros yn hir yn unlle, ac eto rwy'n llwyddo i weld prif atyniadau lleoedd mewn byr amser, drwy wneud tipyn o waith cartref ymlaen llaw, mae'n debyg. Wedi cyrraedd adre'n ôl, byddaf yn cadw'r lluniau yn drefnus, a'u labelu'n ofalus — a bydd gennyf stôr o atgofion i droi atynt unrhyw adeg.

Mae'r casglu lluniau yma yn rhyw fath o yswiriant at y dyfodol i mi. Fel pawb arall, os caf i fyw, fe af yn hen. Fydda i ddim yn medru teithio, ond drwy gyfrwng y lluniau caf fynd eto i'r lleoedd lle cefais i gymaint o fwynhad — i bob cwr o Brydain, i rai o ddinasoedd poblog Ewrop i ail-weld eu rhyfeddodau, i'r Swistir, i Awstria, ac i'r Eidal i ailbrofi gogoniant byd natur ar ei orau mewn mynydd a dyffryn a dôl; i Norwy i hwylio ar y ffiordau, ac i ryfeddu eilwaith at y degau o raeadrau nwydwyllt sy'n disgyn i lawr y llethrau yn rhubanau gwynion, swnllyd o'r entrychion anweladwy. Roedd bod yno yn brofiad unigryw. Bydd cael ail-fyw'r profiad yn rhoi boddhad mawr i mi bob tro.

Rwy'n hoff iawn o ymweld ag ynysoedd. Am ryw reswm, na wn i beth yw, mae rhyw swyn i mi mewn ynys bob amser — mynd yno, a dod oddi yno. Dydw i ddim yn meddwl y buaswn i'n hoffi byw ar ynys, ond byddaf wrth fy modd yn ymweld â nhw. Ynys Môn, wrth gwrs! Ynys Manaw, Ynys Wyth, Ynysoedd Mull, Iona a Skye, Ynys Arran ar ochr orllewinol yr Alban, ac ynysoedd Scilly oddi ar arfordir Cernyw.

Mae nodweddion arbennig i gymeriad pob ynys, ac mae'r rheiny mewn cof a chadw am byth gennyf mewn llun a lliw, hyd yn oed y fordaith hunllefus o stormus honno i Ynys Enlli, ac un arall lawn cynddrwg i ynysoedd Aran ar ochr orllewinol Iwerddon. Bob tro yr edrychaf ar y lluniau bydd fy nhu mewn yn corddi'n afreolus, yn union fel pe bawn i'n dal yn nannedd y ddrycin, ond ar dir sych gallaf chwerthin am y gamp, y fenter a'r hwyl yng nghwmni criw diddan o gyfeillion. Nid felly ar y pryd! Y mae gwerth mawr i mi mewn casglu lluniau cysylltiedig â theithiau.

Am luniau teuluol, y mae amryw o'r rheiny bellach yn hollol amhrisiadwy. Fedra i byth eto dynnu llun o 'nhad, fy mam na'm brawd, nac o'r hen gartref gwledig fel yr oedd e. Ond mae gen i luniau ohonyn nhw, trysorau o luniau. Wrth rythu arnyn nhw, fydda i ddim chwinciad yn pontio'r blynyddoedd, ac yn cael fy hun eilwaith yn blentyn yn bwydo'r ieir yn llaw fy mam, yn marchogaeth y gaseg winau o'r tir âr i'r stabal ar derfyn dydd, yn cael nôl y gwartheg o'r cae i'w godro ar y buarth ar fore hyfryd o fis Mai, yn blasu bara cras o'r ffwrn wal, a'r menyn yn toddi'n hylif melyn ar y tafelli rhwyllog, cynnes — gwledd, newydd i mi gyrraedd adref ar daith droed o filltir o'r ysgol. Gwynfyd plentyndod oedd pethau felly, a 'nôl i fanno yr â'r casgliad lluniau â mi.

O'm rhan i, caiff y sawl a fynn gasglu ei greiriau gwerthfawr, y rhai ariannol werthfawr. Personol iawn yw fy nghasgliad bach di-nod i, dim ond rhyw bethau pob dydd, hollol ddibwys i bawb arall. Ond mae gen i un cysur, o leiaf — fydd gan neb achos i ddisgwyl i mi farw!

CYFAREDD YNYSOEDD SCILLY

1989 oedd y flwyddyn. Brecwasta am saith o'r gloch yn y bore, ac o fewn hanner awr roeddem ni ar ein taith o Newquay yng Nghernyw i Penzance. Yno, wedi angori wrth y cei, ac yn disgwyl amdanom ni, roedd y Scillonian III, llong gyfforddus sydd wedi hwylio'n ôl ac ymlaen o Ynysoedd Scilly er y flwyddyn 1977, ac hyd-ddi roedd pob math o wybodaeth i'n paratoi i gael y gorau allan o'r daith undydd — beth i'w weld ar yr ynysoedd, enwau'r rhai mwyaf ohonynt, darluniau o fywyd fel y bu ac fel y mae arnynt, mapiau o'r fordaith, enwau'r goleudai sydd i'w gweld, a llawer peth diddorol arall.

Cwta ddwy awr a hanner a gymer y fordaith. Gyda llaw, mae'n bosibl croesi mewn hofrennydd, taith o ryw ugain munud, ond mae'r pris am yr hwylustod hwnnw yn uchel. Buom ni'n ffodus ryfeddol i gael diwrnod delfrydol i groesi. Roedd y môr a'r awyr yn las, yr un don ar wyneb y dŵr, a gellid gweld yn hollol glir i'r pellteroedd. Roedd hi'n hyfryd i eistedd allan ar y dec, drachtio'r awyr iach, a mwynhau'r haul a'r awel gynnes. Mordwyo heibio i'r enwog St Michael's Mount, heibio i bentrefi bach deniadol Newlyn a Mousehole sy'n llechu bron o'r golwg mewn hafnau slei yn yr arfordir, heibio i oleudy llachar wyn a gweddol newydd Tater Dhu, heibio i theatr awyr agored enwog Minack i fyny rhwng y creigiau, a chyn hir, cael cip ar Land's End, a goleudy Longships yn y pellter. Yr ochr arall, goleudy Wolf Rock yn dod i'r golwg, ac erbyn hynny roeddem ni allan ar y 'môr mawr', prysur ei drafnidiaeth, ac os gwir y chwedl, oddi tanom roedd 'Cantre'r Gwaelod' Cernyw, tir Lyonesse, a foddwyd ganrifoedd lawer yn ôl, gan roi bod i'r ynysoedd niferus a elwir yn Ynysoedd Scilly. Y mae dros gant ohonyn nhw, ac amryw o'r rheiny yn ddim ond pennau creigiau ysgythrog, llwm, ond yn fannau gorffwys delfrydol i adar o bob math. Dim ond ar bump o'r ynysoedd y mae pobl yn byw bellach — St Mary's, Tresco, Bryher, St Martin's a St Agnes — ac o'r rhain y fwyaf yw St Mary's, yn rhyw dair milltir o led a dwy o hyd. Yno, wrth gei Hugh Town, yr oedd y Scillonian

III i angori, a'n gollwng i ryw bum awr o ryddid i grwydro yn ôl ein mympwy. Ar yr ynys hon roedd gan y cyn-Brifweinidog Harold Wilson dŷ, a'r Tywysog Siarl hefyd. Hawdd y gallaf ddeall pam. Y mae'n ynys ddelfrydol i encilio iddi o brysurdeb a bwrlwm byw pob dydd. Y mae yma ryw dawelwch cyfrin, a 'blas y cynfyd', traethau tywodlyd distaw, creigiau eithriadol o ddiddorol eu ffurf a'u henwau, llwybrau a rhodfeydd rhamantus, hen gladdfeydd, a digonedd o olion byw cyntefig.

Byr fu ein harhosiad ni ar St Mary's am ein bod eisiau ymweld ag Ynys Tresco i gael gweld y gerddi byd-enwog, ac i gael dweud ein bod wedi cael rhoi troed ar o leiaf ddwy o'r ynysoedd. Croesi o Hugh Town mewn cwch bach, taith o ryw chwarter awr, a sylweddoli ar hanner y ffordd yno nad oedd gennym unrhyw amddiffyniad pe bai'r cwch yn digwydd cael anffawd, dim cyfrwng achub, dim siacedi, dim byd — ond ffydd. Rhyfeddu wedyn fod y peth yn cael ei ganiatáu. Beth bynnag, glanio'n ddiogel, a'r haul yn chwilboeth wrth i ni gerdded i gyfeiriad y gerddi a'r Abaty. Oedd, mi roedd y gerddi yn werth eu gweld, yn llawn o flodau, planhigion a choed trofannol. Synnwn braidd, serch hynny, na fuasai mwy o drefn yno.

Yr argraff a adawyd arnaf i oedd mai gerddi wedi eu gorlwytho oedden nhw, a rhywun wedi anghofio chwynnu mewn pryd! Beth bynnag, cefais fy ngoleuo mai felly y mae gerddi modern i fod, a gwylltineb yn rhan o'u naturioldeb. Cefais gysur garw o gofio am fy mhwt gardd i gartref!

Wedi gweld y gerddi, a chael te yno — ac adar y to, rhyfeddol o ddof, yn mynnu rhannu hwnnw â ni ar y bwrdd bwyd — roedd amser yn ein gorfodi i gefnu. Cerdded hyd lôn gysgodol, yn llawn olion o'r rhododendron newydd orffen blodeuo, i gyfeiriad New Grimsby, pentref bychan lle roeddem i gael y cwch yn ôl i St Mary's. Wedi cyrraedd yno, cael golygfa gyfareddol o'r Ynysoedd, y mawr a'r bach. Tynnu sgwrs ag un o'r trigolion, a'i gael yn fodlon braf ar ei fyd.

'Fyddwch chi byth yn blino byw yma?' gofynnais iddo.

'Na, fuaswn i byth yn *medru* byw yn unman arall,' meddai, a dyna ddweud y cyfan.

Dyma'r ynysoedd lle mae pobl yn amaethu rhyw ychydig, ond yn gwneud bywoliaeth yn bennaf o dyfu blodau i'r marchnadoedd, yn gynnar yn y flwyddyn, a'r aceri o liw yn werth eu gweld bob gwanwyn mae'n debyg; yr ynysoedd lle mae adar amrywiol yn byw ac yn mudo iddynt; yr ynysoedd lle ceir blodau, coed a phlanhigion anghyffredin; yr ynysoedd y mae'r morloi yn torheulo yn heidiau hyd eu creigiau, ac amrywiaeth cregyn eu traethau lliw hufen yn wledd i'r llygad; yr ynysoedd lle mae byw clòs a chymdogaeth dda yn dal i ffynnu, o reidrwydd.

Rwy'n falch i mi gael y cyfle i fynd yno, a hynny ar ddiwrnod mor eithriadol o braf ganol mis Mehefin. Fel gydag Ynys Aran ac Ynys Iona, fe'u gwelais ar eu gorau, ond gallaf eu dychmygu hefyd yn nannedd y ddrycin, a chynddaredd Môr Iwerydd yn hyrddio ei wae arnynt. Stori arall fyddai hi wedyn, ac rwy'n siŵr mai gwell fyddai gennyf fod yn niogelwch y 'tir mawr' bryd hynny!

PONI

Yno, yn yr hen gartref, y gwelais hi gyntaf erioed. Mae'n siŵr gen i ei bod hi yno o 'mlaen i, ac yn rhyfedd iawn, doedd ganddi ddim enw, dim ond Poni. Wn i ddim pam chwaith, gan fod gan bron bob anifail arall ar y ffarm, yn gath a chi, buwch a llo, caseg ac ebol, enwau. Ond na, erbyn meddwl, doedd gan y moch ddim enwau chwaith. Ta waeth!

Un o bâr oedd y poni. Roedd gennym ni gaseg waith yn ogystal, un winau hardd, a'i blewyn yn sglein i gyd, ac i'w rhan hi y syrthiai'r rhan fwyaf o'r gwaith trwm a fyddai angen ei wneud ar y ffarm. Hi fyddai'n cario pen trymaf y baich, fel petai, ac i bob pwrpas rhyw forwyn fach iddi hi fyddai'r poni. Cydweithio hapus fyddai rhyngddyn nhw bob amser, y ddwy naill ai'n cerdded ochr yn ochr, neu'r poni yn rhagflaenu'r gaseg, yn dibynnu ar beth fyddai'r gwaith. Wrth aredig y tir glas, neu wrth lyfnu'r pridd coch, cerdded ochr yn ochr y bydden nhw, a hynny am oriau bwygilydd, yn ôl ac ymlaen o dalar i dalar, fy nhad yn eu tywys yn gelfydd, ac yn amlach na pheidio yn rhyw fwmial canu iddo'i hunan — arwydd o'i bleser yn ei waith, mae'n debyg. Cyn dyddiau ysgol, cawn innau fynd gydag ef weithiau, a byddwn wrth fy modd yn gwylio'r sigl-i-gwt yn disgyn rhwng y cwysi, ac yn ymrafael â chegaid o bryfed genwair gwinglyd, neu'n edrych ar y gwylanod sgrechlyd yn haerllug hunanol hawlio mwy na'u siâr o wleddoedd y tir âr.

Wrth rowlio'r tir ar ôl yr hau a'r llyfnu, y gaseg fyddai yn y llorpiau bob amser, am mai ei chefn hi fyddai'n ddigon cry i ddal y pwysau, a'r poni yn cerdded o'i blaen, wedi ei bachu wrth y llorpiau i ysgwyddo'i rhan hithau o bwysau'r tynnu. Felly hefyd wrth dynnu'r cart neu'r gambo pan fyddai'r llwythi'n drwm arnynt, a'r un fyddai'r drefn wrth dynnu'r coed i fyny at y tŷ o'r goedwig wrth yr afon, yn danwydd gaeaf i ni. Tipyn o gamp, rwy'n tybio, fyddai llywio'r gaseg a'r poni 'run pryd, ond welais i erioed mo 'nhad yn methu. Roedd cytgord perffaith rhwng y tri. Tipyn o gymell, tipyn o ganmol, dyna'r gyfrinach!

Ond os mai'r gaseg fawr, Darbi wrth ei henw, oedd i gario pen trymaf y gwaith, roedd i'r poni ei dyletswyddau penodol hithau, a'r bennaf ohonyn nhw fyddai mynd â 'nhad a 'mam i'r dref, tref Aberaeron, yn wythnosol yn y trap i ddosbarthu menyn a llaeth enwyn i'w cwsmeriaid ffyddlon. Wrth edrych yn ôl i gilfachau'r cof fe'u gwelaf eto, yn hollol fyw, yn eistedd ochr yn ochr ar sêt y trap, cwrlid cynnes dros eu coesau, a bywyd yn braf wrth iddyn nhw gael y cyfle i ymlacio 'chydig o gaethiwed eu byw bob dydd, cyfle i weld wynebau gwahanol, ac i gael sgwrs mwy amrywiol na'n sgwrs arferol ni'n pedwar gartref fel teulu.

Byddai'r poni fach yn gwybod trefn y daith yn berffaith. Am wn i na fyddai hi'n disgwyl am 'yr harnes mynd i'r dref' yn reddfol bob dydd Gwener. Roedd hwnnw'n ysgafnach ac yn feddalach na'r harnes gwaith ffarm. Byddai'r poni'n gwybod am bob goriwaered a phob tynnu i fyny ar y daith, a byddai'n gwybod pryd y disgwylid iddi drotian ar y gwastad, a phryd y gallai ddisgwyl caethdra ar ei gwynt ar ambell glip o godiad tir. Yn fwy na dim, efallai, edrychai ymlaen at y wledd o geirch a blawd a âi fy nhad yn fwyd iddi tra arhosai yn stabal Gwesty'r Plu am ryw ddwyawr neu dair, tra byddai fy rhieni yn gwneud eu gorchwylion trefol o ddosbarthu cynnyrch y fferm, a phrynu bwyd wythnos yn gyfnewid yn y siopau. Amser caled, ond amser braf, bodlon — a Poni yn gymaint rhan ohono.

Gorchwyl arall na châi neb ond hi ei wneud fyddai tynnu'r un trap i ben Trichrug, bryncyn yng nghanol yr hen Sir Aberteifi, ddiwedd Awst bob blwyddyn, yn union ar ôl gorffen gyda'r cynhaeaf ŷd, a chael pob ysgub i ddiddosrwydd. Dyna fyddai ein dathliad diolchgarwch teuluol ni — mynd yn deulu cyfan i ben Trichrug, a chael 'te yn y grug', yn llythrennol felly, yno. Fy nhad wedyn yn mynnu sefyll ar ei ben, a'i ddwy goes yn syth i fyny at yr awyr, dim ond i brofi nad oedd e'n heneiddio dim o flwyddyn i flwyddyn. Ninnau'n tri yn chwerthin yn braf, yn edmygu, ac yn cymeradwyo'r gamp â churo dwylo dilywodraeth! Rwy'n dal i allu teimlo'r wefr o fod yno, y distawrwydd llethol, yr awelon tyner, y cymundeb â byd natur. Gogoneddus! Y ddoe na ddaw yn ôl.

Yna, fe ddaeth llafn Amser i drywanu'r dedwyddwch, fel y daw i ran pawb yn ei dro. Aeth y poni fach yn hen, yn rhy hen i weithio, a bu'n rhaid cael un arall yn ei lle, ond rywust fu erioed yr un cysylltiad clòs gen i â honno. Roeddwn i wedi colli ffrind, ffrind plentyndod, — a pheth gafaelgar iawn yw cyfeillgarwch felly. Poni, enw neu beidio, oedd fy ffefryn i. Cawn wneud fel y mynnwn iddi, ei marchogaeth hyd y caeau nes bod ei blew brith yn drwch hyd fy nghoesau pwt, cosi ei thrwyn melfed, rhoi fy mysedd yn ei chlustiau, ei brwsio a'i sgrafellu, plethu ei mwng, a golchi ei bacsau pan ddôi adref yn lleidiog o'r tir âr.

Wedi hanner can mlynedd, rywle yn yr isymwybod, rwy'n dal i hiraethu ar brydiau am Poni.

CHWARAEON

Pan oeddwn i'n athrawes, fe ofynnwyd i mi unwaith gan fachgen bach yn yr ail flwyddyn mewn ysgol uwchradd, wedi i ni fod yn edrych ar raglen deledu am Oes yr Iâ — 'Miss, oeddech chi'n fyw bryd hynny?' Am eiliad, fe'm lloriwyd, a dechreuais wneud syms yn fy mhen! Yna atebais yn ddigon cwrtais, 'Na, dim cweit', a derbyniodd yntau'r ateb yn grediniol fodlon. Chwarae teg iddo. Fe'm harbedodd rhag pob embaras!

Ond wedi meddwl, na, doedd y cwestiwn ddim yn un mor wirion ag y tybiwn i ar y funud. Roedd gagendor mawr iawn rhwng ei blentyndod ef a'm plentyndod i, a phlentynnaidd, gyntefig fyddai fy chwaraeon i iddo ef. Annealladwy fyddai ei chwaraeon peirianyddol cymhleth yntau i minnau.

Un o'n chwaraeon bach diniwed ni yn blant fyddai chwarae torri wy clwc — wy diwerth, heb ddeor yn y nyth. Byddai amser penodedig i'r chwarae hwn, wrth gwrs — ryw dro yn nhymor y gwanwyn, am mai dyna'r unig adeg y byddai wyau clwc ar gael. Byddai'n rhaid hel ffrindiau ynghyd i lawn fwynhau rhialtwch y chwarae. Po fwyaf y nifer, mwyaf yr hwyl. A'r chwarae fyddai, rhoi'r wy ar lawr rywle yn yr ydlan, clymu mwgwd am lygaid un o'r plant, ei arwain i ffwrdd ryw ddeg i ddeuddeg llathen oddi wrth yr wy, ei droi rownd yn gorfforol ryw hanner dwsin o weithiau, i'w 'feddwi', ac yna ei ollwng yn rhydd i droedio'i ffordd yn betrus at yr wy, a cheisio'i daro ag un o dri thrawiad â phastwn. Pur anaml y byddai'r ymgeisydd yn llwyddo i gyrraedd ei darged o gwbl. Byddai'r 'medd-dod' wedi ei ddrysu! Os gwnâi, câi fanllefau o gymeradwyaeth i brofi ei fod yn agos, ac yna mentrai yntau ergyd, ac ergyd, ac ergyd, ac os llwyddai i daro'r wy, byddai'r gymeradwyaeth yn fyddarol wrth i ni, weddill y plant, sgrialu i bob cyfeiriad, allan o gyrraedd yr hylif melyn, cynnwys yr wy, a'r drewdod annioddefol. Os disgynnai peth o'r wy drwg ar wisg neu esgid rhywun, byddai'r hwyl yn fwy byth, neu os rhoddai'r ymosodwr ei droed ar yr wy yn ei ddallineb, dyna benllanw gorfoledd. Byddem ni yn iach ein crwyn, a'i sgidiau yntau'n drewi!

Rhoi wy arall i lawr wedyn, mwy o 'feddwi', mwy o daro, mwy o chwerthin a mwy o gymeradwyo. Hwyl ddiniwed plant y wlad, plant yn gallu creu eu difyrrwch eu hunain, plant na fyddent byth yn *bored*, gair cyffredin plant heddiw yng nghanol eu digonedd. Rhad arnynt!

Chwarae Dai Dwl wedyn. Doedd hwnnw yn ddim ond y pren o ganol ril o edau, wedi'i saernïo yn gelfydd gan fy nhad i fod yn fain yn un pen. Gallem ei chwipio i droi, neu roi darn bach o bren i ffitio drwy'r twll yn y canol, a'i droi rhwng bys a bawd. Byddai gan bob plentyn ei rilen dop ei hun, a gallem chwarae â'r rheiny wrth fynd a dod ar droed i'r ysgol, yn un dyrfa hapus, gytûn. Pum munud o seibiant fan hyn a fan draw ar y daith, lle ceid llecyn gwastad, hwylus, tynnu'r top o'r boced, troelli, cystadlu, bytheirio'n ddiniwed uwch ben rhyw 'gam' a gaem, ailgytuno, chwerthin, ac yna symud ymlaen i'r llecyn nesaf, a byddai'r filltir hir (a mwy) o daith wedi diflannu heb yn wybod i ni. Bws i'n cludo i'r ysgol? Na, dim diolch!

Cylch pren a chylch haearn wedyn — cylch pren i ferched a chylch haearn i fechgyn. Doedd dim sôn am gydraddoldeb rhyw bryd hynny, a byddem yn derbyn y drefn yn ddistaw. Prynu'r cylch pren mewn siop yn y dref a wneid, ond gof yr ardal fyddai'n gwneud y cylch haearn, a'r bach i'w yrru. Doedd dim llawer o grefft na hwyl i yrru'r cylch pren, dim ond ei rowlio o'r top â rhyw ddarn hirgul o bren, ychydig hwy na phren mesur. Fyddai fe ddim hyd yn oed yn gwneud sŵn wrth rowlio. Ond roedd her mewn medru llywio cylch haearn â bach, a byddai'n well gennyf i hynny o lawer. Bachu'r cylch ryw dair modfedd o'r llawr, a'i lywio wedyn yn grefftus am gyhyd ag y medrwn, ac yntau'n hisian yn soniarus ar ei daith. Awn â'r cylch gyda mi pan awn i siopa yn siop fach y wlad, awn ag ef i'r efail pan anfonid fi yno, awn ag ef i weld ffrindiau, ac weithiau awn ag ef i'r ysgol hyd yn oed. Byddai'n medru byrhau'r ffordd bob tro rywsut. Do, cefais oriau o hwyl yn llywio'r ddau gylch ar fy mhen fy hun a gyda ffrindiau.

Jac y Coese wedyn. Beth oedd hwnnw? Wel, pâr o goesau pren, dim ond canghennau digon carbwl rhyw goeden o'r goedwig, yn cyrraedd hyd at y ceseiliau, neu ychydig yn uwch weithiau, ac wedi'u trin i fforchio'n lle dal troed rhyw chwe modfedd o'r gwaelod. Amcan y 'coese' wrth gwrs, fel pob coesau, oedd cerdded

41

arnyn nhw, ond roedd honno'n gamp aruthrol, gyda throed ym mhob fforch. Roedd mynd arnyn nhw i ddechrau yn gamp ynddi'i hun, a byddai'n rhaid wrth help wal i bwyso arni, ac i sefydlogi'r corff. Yna, wedi cael y cydbwysedd yn iawn, i ffwrdd â mi, yn herciog, drwsgl am ychydig o gamau, colli'r cydbwysedd, a disgyn yn ddiymadferth yn fy hyd. Brifo laweroedd o weithiau, colli dagrau weithiau, ond dim ots. Ailgychwyn eto, ac eto, ac eto, ac yn y diwedd meistroli'r grefft yn weddol lwyddiannus. Hwyrach, pe bawn i'n gallu treiddio yn ddigon dwfn i'r isymwybod, y gwelwn i mai dyma bryd y dysgais i werth dyfalbarhad wrth geisio brwydro yn erbyn stormydd bywyd.

Roedd gan bob plentyn ei jac y coese, ac yn achlysurol aem at ein gilydd i wneud arddangosfeydd o'n campau, ac i gystadlu a ffraeo! 'Doedd dim diwedd ar yr hwyl, a dim byd mwy na changhennau coed yn ddeunydd crai i'r cyfan. Dyna ddangos gwerth dyfeisgarwch mewn cyfnod prin o deganau.

Yn gymharol ddiweddar, fe welais i ŵr lliwgar ei wisg, mewn siaced wen a throwsus coch, yn cerdded ar *stilts* mewn stryd boblog yn un o drefi'r gogledd yma. Hysbysebu dyfodiad syrcas i'r dre oedd e. Roedd e'n gryn naw troedfedd o daldra ar ei goesau pren, a'i gerddediad yn ddoniol, bwyllog. Gwelais fy hun eilwaith yn blentyn, wyth i ddeg oed, yn ymlafnio â'r hen jac y coese ar y cwrt sment o flaen fy hen gartref, ac fe chwerddais ac fe chwerddais wrth i'r atgofion lifo'n ôl. Ys gwn i beth ddaeth o'r hen 'jac' pan symudodd fy rhieni i fyw i'r dref?

I'm tad yr oedd y diolch fod fy mrawd a minnau'n cael teganau o waith cartref fel hyn. Roedd e'n un da gyda'i law, ac yn gallu troi'r peth mwyaf syml yn oriau o ddifyrrwch i ni. Bob gwanwyn byddai'n gwneud whît (*whistle*) bob un i ni o bren y sycamor-wydden. Âi i'r ydlan ryw noson ar ôl swper, yn flinedig ar ôl ei ddiwrnod gwaith, ond yn mwynhau bod gyda ni'r plant, ac yn ifanc ei ysbryd. Byddai'n dewis y pren mwyaf cymwys, yn ei dorri a'i naddu, ac yna'n gwlychu darn o'r rhisgl â phoer cyn ei daro'n ysgafn â charn ei gyllell boced i'w gael yn rhydd. Naddu tipyn oddi tano eto, a'i ffitio'n ôl yn gelfydd i'w le. Byddai'r whît yn barod wedyn, a bron yn ddieithriad byddai'n gwneud y sŵn priodol ar y cynnig cyntaf. Byddai gwên o foddhad yn dod dros wyneb fy nhad, a thros ein hwynebau ninnau hefyd. Rhedeg yn ôl i'r tŷ wedyn i fyddaru Mam a'r cŵn a'r cathod â'r sŵn, a mwynhau'r hwyl gyda'n gilydd, yn ddyn ac anifail. Dyddiau difyr!

'Miss, oeddech chi'n fyw yn Oes yr Iâ?' oedd y cwestiwn. 'Na, dim cweit' oedd yr ateb, ond o ystyried yn ddwys, a sylweddoli cymaint o newid a ddaeth i'n ffordd o fyw, hwyrach 'mod i wedi gwneud cam â'r bachgen bach, a 'mod i, wedi'r cyfan, yn perthyn yn nes i'r oes honno nag ydw i i heddiw!

CIP AR AWSTRIA

Does dim dwywaith nad oes rhyw gymaint o waed y Nomad yn fy ngwythiennau, ac yn sicr, mae'r chwiw grwydrol yn fy meddiannu bob haf. Dyna, mae'n siŵr gen i, a'm gyrrodd rai blynyddoedd yn ôl bellach (yn 1982 i fod yn fanwl gywir) i ymweld ag Awstria, gwlad yr oeddwn wedi dyheu ers tro am gael mynd iddi.

Mentro hedfan am y tro cyntaf yn fy mywyd, a mwynhau'r profiad i raddau helaeth, yn enwedig yr hwylustod o gyrraedd pen y daith mewn byr amser. Fe gyfaddefaf, serch hynny, 'mod i'n ddigon balch o gael fy nhraed eilwaith yn ddiogel ar y ddaear!

Cyrraedd y Swistir cyn 'mod i wedi gorffen fy mhaned o de yn iawn, ac yna dechrau teithio ar fws, a dotio at lendid y wlad a harddwch y blodau oedd yn addurno pob ffenestr a gardd yno. Mynd i lawr gyda glannau Llyn Constance, a threulio'r noson gyntaf yn nhref hyfryd Bregenz. Glaswellt yn ymestyn i fyny hyd at ddrysau'r tai, a choed afalau yn tyfu hyd braich i'r strydoedd, y canghennau'n crymu dan bwysau a'r ffrwythau'n cael llonydd i aeddfedu — neb yn eu dwyn, neb yn eu pocedu, dim ond ambell iâr yn pigo a blasu'r rhai oedd ar lawr, a gwenyn yn colynnu o'u cwmpas.

Bore Sul, cychwyn drwy dde'r Almaen i Oberammergau. Yr un olygfa eto — mynyddoedd uchel, coed talgrib, perllannau di-rifedi, a gwartheg llwydion, a chlychau am eu gyddfau, yn pori a phendwmpian hyd y caeau. Fawr o neb i'w weld o gwmpas, dim ond tawelwch hamddenol bore Sul wedi meddiannu'r wlad. Aros ar y ffordd i gael golwg ar rai o gestyll hardd yr Almaen, ac yn eu plith y castell lle gwnaed y ffilm boblogaidd 'Chitty Chitty Bang Bang'. Cael cinio yn Oberammergau, a rhyw orig i fynd o gwmpas y pentref. Ydy, mae hwn yn bentref unigryw, gyda'i dai blodeuog a'r murluniau sy'n addurno bron pob adeilad, heb sôn am y theatr lle perfformir pasiant y Croeshoeliad bob deng mlynedd.

Cyrraedd dinas Salzburg fin nos, a chael cyfle i'w gweld fore trannoeth — yr Eglwys Gadeiriol hardd, y gaer fawr ar gopa'r bryn, cartref a chofeb y cerddor Mozart, y palas lle gwnaed y ffilm fyd-enwog 'The Sound of Music' a chastell Hellbrunn gyda'i driciau saethu dŵr dros ymwelwyr!

Wedi cefnu ar Salzburg, cyfeirio at Vienna, dinas brysur iawn, ddiddorol, amrywiol ei hatyniadau. Cael cyfle i weld palas enfawr Schönbrunn, Eglwys Gadeiriol Sant Steffan, cofeb Strauss — cerddor y mae ei gerddoriaeth yn dal yn fyw iawn yno — y Tŷ Opera lle cafodd cynifer o Gymry cerddorol dawnus y cyfle i ddangos eu talentau i'r byd, y Senedd-dŷ, a chant a mil o fannau diddorol eraill, heb anghofio'r ffair a'r olwyn fawr, a'r noson brofi gwin yn Grinzing!

Cefnu ar Vienna fore Iau, a chael diwrnod llawn iawn arall. Golygfeydd hyfryd bob cam o'r ffordd i gyfeiriad Villach — milltiroedd o goedwigoedd, mynyddoedd a rhyw stamp bonheddig arnynt, ffrydiau ewynnog yn cymryd eu cwymp o'r uchelderau, a llynnoedd dirifedi yn dwyn i gof englyn Gwilym Cowlyd:

Y llynnau gwyrddion, llonydd, — a gysgant
    Mewn gwasgod o fynydd,
A thynn heulwen ysblennydd
Ar len y dŵr, lun y dydd.

Cael bonws bach ychwanegol o daith heddiw, dros y ffin i'r Eidal, a chael cip ar ogoniant ac ysgythredd mynyddoedd yr Alpau yn Iwgoslafia, mynyddoedd sy'n ddrych o gadernid di-ysgog yn wyneb holl gyfnewidiadau'r canrifoedd. Doeddem ni ond prin wedi croesi'r ffin, ond eto roedd y gwahaniaeth rhwng y ddwy wlad yn amlwg i'r llygad craff. Na, go brin fod yr Eidal cyn laned gwlad ag Awstria.

Hwyrach mai uchafbwynt yr wythnos i gyd oedd dydd Gwener, a ninnau'n anelu at dref Innsbruck. Unwaith eto, roedd y tywydd yn ddelfrydol, a chawsom fynd i fyny drwy fwlch Grossglockner i gopa'r mynyddoedd. Nid anghofiaf fyth mo'r profiad — y ffordd yn troelli'n igam-ogam gelfydd trwy fôr tonnog o fynyddoedd, a phob tro yn y ffordd yn datgelu rhyw fawredd newydd yn yr ehangder creigiog, ac yn codi arswyd arnaf. Saith mil a hanner o droedfeddi uwchben y môr, ias yn yr awel, a pheth eira'n dal i lechu yn y cilfachau. Ac yn wir i chi, dwsin o wartheg, bron iawn ar y copa, yn gorfod chwilota'n ddiwyd am flewyn glas, ac yn codi pen yn awr ac yn y man i lygadrythu a gwrando ar y parablu mewn amrywiol ieithoedd.

45

Roedd yno ymwelwyr o bedwar ban byd, a phawb wedi'u cyfareddu gan y fath olygfa ysblennydd. Roeddem ni yno ar ddiwrnod hyfryd o haf. Sut, tybed, y mae hi yno gefn trymder gaeaf yn nannedd y ddrycin, a gwyntoedd gerwin y gogledd yn trywanu hyd fêr yr asgwrn?

Ymlaen wedyn i Kitzbühel, un o gyrchfannau poblogaidd sgïwyr yn y gaeaf, a chael y cyfle i fynd i ben un o'r mynyddoedd mewn cerbyd cêbl — llond cerbyd ohonom yn ysgwyd yn yr entrychion, uwchlaw'r tai, uwchben y caeau a'r coed, ac am ennyd fer yn gweld y byd fel y gwêl aderyn ef!

Noson olaf y daith oedd y noson yn Innsbruck, tref sy'n llythrennol gysgodi yng ngheseiliau'r mynyddoedd. Na, doedd dim eira ar y copaon, ond fe fyddai cyn diwedd Medi, medden nhw. Wedi cael cip o gwmpas y dref, a chyfle i wneud mân siopa, cawsom fynd i noson werin Awstriaidd, noson o ganu a dawnsio gan gantorion a dawnswyr mewn gwisgoedd cenedlaethol. Yn uchafbwynt i'r noson, cenid anthemau cenedlaethol y gwahanol wledydd a chwifio'u baneri, ac yn eu plith, coeliwch neu beidio, yr oedd baner y Ddraig Goch. Oedd wir, roedd baner Cymru yno yn Innsbruck, a'r dyrfa enfawr yn morio canu — na, nid 'Hen Wlad fy Nhadau' ond:

> We'll keep a welcome in the hillsides,
> We'll keep a welcome in the vales;
> This land you knew will still be singing
> When you come home again to Wales.

A thrannoeth, dychwelyd oedd ein tynged ninnau, dychwelyd adref wedi wythnos o wyliau perffaith. A'r atgofion a arhosai? Wel, rhadlonrwydd, croeso a chyfeillgarwch y bobol, glendid y wlad —glendid a ddylai wneud i ni, ymwelwyr o Brydain, gywilyddio —harddwch y blodau amryliw sy'n gymaint rhan o geinder y wlad, golygfeydd dihafal byd natur, y gwartheg clochog, a diwydrwydd y ffermwyr yn cynaeafu pob blewyn o wair hyd y caeau, hyd y cloddiau, hyd yn oed gydag ochrau'r ffyrdd. Doedd dim yn cael ei wastraffu, a hwyrach mai dyna pam fod Awstria yn wlad mor llewyrchus!

CYSGODION

Tro'r Ladi Wen, — rhyw hanner tro, i fod yn fanwl gywir — ar y ffordd gyhoeddus wledig heb fod nepell o'm hen gartref. Yno roedd yr hen Ladi Wen yn 'byw'. Welais i erioed mohoni. Welodd neb arall mohoni chwaith, ond mi roedd hi yno! Hi oedd bygythiad mawr ein rhieni arnom ni blant. Hi fyddai'n ein cadw ni ynghudd yn rhywle am gyfnod os byddem ni'n blant drwg, a byddai meddwl am beidio â chael mynd adref at 'nhad a 'mam a'm brawd, at Pero'r ci, Pwten y gath, Smwtyn yr oen swci, a'r gweddill o'r teulu anifeilaidd, yn hunllef i mi ar y pryd, a byddwn yn bihafio!

Gyda'r nos y byddai hi'n ymddangos, i ofalu ein bod ni'n rhoi'r gorau i'n chwarae, ac yn troi am adref cyn i'r tywyllwch ein goddiweddyd a'n temtio i wneud drygau. Erbyn hyn, rwy'n gwybod mai rhith oedd hi, rhyw gysgod o fod dynol, mewn llaeswisg wen yn llusgo hyd y llawr, a gwallt tywyll yn dorchau hyd at ei hysgwyddau. Yn wir, roedd hi'n ladi hardd iawn yn fy nychymyg bach i ar y pryd, a fedrwn i ddim deall yn iawn pam fod crybwyll ei henw yn ddigon i yrru iasau i lawr fy meingefn, ond felly roedd hi! Wyddwn i ddim yn iawn ble roedd hi'n byw chwaith, na beth oedd ei bwyd hi, dim ond meddwl yn ddiniwed mai rhywle o'r golwg yn y prysgwydd yr oedd ei chartref a'i phantri hi. Er cymaint fy chwilfrydedd, fentrais i erioed i chwilio amdani, a doedd waeth i mi heb â gofyn i Mam. 'Paid â holi,' fyddai'r ateb bob tro ac, wrth gwrs, roedd pwrpas i ateb felly. Doeddwn i ddim i fod i wybod pwy oedd y Ladi Wen, neu fuasai arna i ddim o'i hofn hi — ond hyd heddiw af i byth heibio'r fan, hyd yn oed gefn dydd golau, heb droi llygad i edrych yn ofalus, rhag ofn ei bod hi'n dal yno!

Y mae llawer math ar gysgod a chysgodion. Dyna i chi gysgod haul. Cofio am hafau hirfelyn, tesog dyddiau plentyndod, pan oedd haf yn haf, fydda i. Ninnau, fel teulu, yn gweithio allan ar y tir, yn cynaeafu gwair neu ŷd, a the bôn clawdd yn achlysur i'w fwynhau ganol y prynhawn. Chwilio am gysgod coeden go fawr y

47

byddem ni, chwilio'r cyhudd cyn taenu'r lliain ar y ddaear ac estyn y bwyd ambor a'r te. Gofalu hefyd fod coeden i gysgodi'r ceffylau yn eu chwys, a bod cyfle iddynt hwythau oeri ac atgyfnerthu cyn wynebu plwc arall o waith caled. Roedd y ddolen gyswllt rhwng dyn ac anifail yn un glòs iawn bryd hynny. Roedd y naill a'r llall mor ddibynnol ar ei gilydd.

Gweld iâr ac anifail ar y fferm yn cilio i ryw gysgod ar ddiwrnod chwilboeth ganol haf, a phob un ohonyn nhw fel pe bai ganddo ei ddewis fan ei hun. Pero'r ci, yn ddi-ffael, yn gorwedd yn ei hyd, yng nghysgod wal y cartws. Gallaf weld ei dafod pinc a'i ddannedd miniog, claerwyn y funud yma wrth iddo luddedu yn fan'no, yn fodlon ei fyd, yn ddi-waith dros dro, a'r awel yn chwarae ym mlew ei gôt sidan. Hen gyfaill ffyddlon oedd Pero! Yr ieir wedyn yn tyllu i mewn i gloddiau'r ydlan, yn chwalu'r pridd i bob cyfeiriad ac yn gorwedd yn y cysgod am oriau. Y pridd llaith yn oeri'u cyrff, meddai Mam. Y gwartheg a'r ceffylau bob amser yn anelu am gysgod clawdd a choeden, ac yn adnabod arwyddion tywydd a byd natur yn llawer gwell na ni, bobl. Pwten, y gath drilliw, yn siŵr o fod ar ei gorsedd, hanner y ffordd i fyny'r sycamorwydden yng nghlawdd yr ydlan, yn cysgodi. Roedd ganddi gangen fforchiog yn wâl yn fanno, a'r dail llydan yn ganopi uwch ei phen. Roedd rhywbeth yn glyfar yn Pwten!

Heddiw, gan fy mod i'n byw yng nghanol gogoniant Eryri, byddaf yn edrych yn aml ar gysgodion cymylau yn haul yr hwyr, yn llamu neu'n oedi dros y bryniau a'r mynyddoedd o'm cwmpas, a'r cymylau, chwedl R. Williams-Parry, yn symud:

> Yn yrr ddi-orffwys, laes, ddi-fref
> Hyd lyfnion hafodlasau'r nef . . .

a'u hadlewyrchiad ar y ddaear yn gyfareddol i'r llygad wrth i'r patrymau newid o eiliad i eiliad. Min nos o wanwyn wedyn, a chysgodion diwetydd yn lledaenu dros y wlad mewn llais a lliw. Y brain yn crawcian yn anniddig gwerylgar ym mrigau uchaf y coed, bref ŵyn bach yn sŵn cartrefol, chwareus yn y pellter, deunod y gog efallai, fel y clywais i hi wrthi neithiwr ddiwethaf yn canu ac yn canu'n ddi-baid i gyhoeddi ei bod hi wedi cyrraedd Arfon yn ddiogel unwaith eto, ac yn hedfan uwch fy mhen, hi a'i gwas, fel pe i'm hargyhoeddi ymhellach ei bod hi yma. Mae blynyddoedd maith er i mi weld y gwcw yn agos fel hyn o'r blaen. Adar bach wedyn, yn eu nwyd garwriaethol, yn trydar a thrydar yn ddiddiwedd, a suon a siffrwd dail ar frigau'r coed yn lliwiau'r machlud. Ydynt, y maent i gyd yn rhan o ryfeddod cysgodion yr hwyr.

Un o'n chwaraeon diniwed ni blant fyddai ceisio sathru ar ein cysgodion ni ein hunain, ond wrth gwrs, fedrem ni ddim! Mi fedrem, serch hynny, sathru ar gysgodion plant eraill — cysgodion hir, cysgodion byr, cysgodion tew a chysgodion tenau, yn dibynnu beth fyddai'r berthynas â'r haul. Roedd hi'n gêm hwyliog, ac mi redais filltiroedd lawer yn ystod fy mhlentyndod yn rhan o'r chwarae hwnnw o sathru cysgodion, a rhedeg ras yn erbyn fy nghysgod i fy hun.

Rwy'n dal i geisio sathru cysgodion, neu redeg ras yn eu herbyn — cysgodion bywyd. Fel pawb arall, dydw i ddim wedi'u hosgoi nhw. Does neb. Ond yn nydd y ddrycin, peth amhrisiadwy yw cysgod câr a chyfaill drwy air a gweithred.

Rwy'n berson ofnus, poenus o ofnus, ac mae bywyd i mi yn llawn o gysgodion ac ofnau, rhai'n bod a rhai'n ddychmygol. Rwy'n teimlo'n aml yr hoffwn i sathru ar gorn gwddw sawl un ohonyn nhw, yn union fel y gwnawn i wrth chwarae'r gêm honno gyda'm cyfoedion gynt, ond fedra i ddim.

Cysgodion, ofnau; maen nhw'n bod, ac eto dydyn nhw ddim, o leiaf ddim bob amser. Dychmygol hollol yw rhai ohonyn nhw, yn union fel yr hen Ladi Wen honno yn nyddiau fy mhlentyndod — a diolch *am* hynny!

Y CHWALFA

Ym mis Medi 1974 y dechreuais i ar fy ngwaith fel athrawes yn Ysgol Dyffryn Nantlle, Penygroes. Roedd hi wedi bod yn gyfnod trist iawn yn fy mywyd — wedi colli fy mhriod, ac wedi cael triniaeth lawfeddygol fawr — a rhai pobl annisgwyl wedi cael hwyl ar ddyblu a threblu fy nghroesau. Ond o'r funud y cemais i mewn i'r ysgol, fe'm derbyniwyd yn gwrtais, gartrefol, gyfeillgar, gan brifathro, staff a phlant. Doedd ryfedd i mi setlo i lawr yno cyn pen diwrnod.

Doedd gen i ddim lle crand i 'fyw' ynddo, dim ond un o'r saith ystafell gytiog o'r tu allan i'r prif adeilad, ond 'roedd gen i olygfa hyfryd, yr orau o'r ysgol, i fyny'r dyffryn dros Gwm Dulyn, Cwm Silyn a Mynydd Talmignedd, a phan fyddai hi'n bur anobeithiol arnaf o ran cyrraedd unrhyw nod addysgol y tu mewn, beth wnawn i'n well na 'dyrchafu fy llygaid i'r mynyddoedd', a sylwi ar ogoniant byd natur yn newid bob munud awr o'r dydd, mewn glaw a hindda, mewn haul a drycin, mewn niwl a thes? Godidog!

Hwn oedd y Cwt, mor foel ei du mewn â'i du allan, hyd nes i mi gael posteri lliwgar o feirdd a llenorion Cymru i addurno mymryn ar ei waliau. Ond chawson nhw ddim llonydd. Cyn pen wythnos roedd Kate Roberts wedi cael sigarét anferth yn ei cheg, a mygu y bu hi am y pedair blynedd ar ddeg y bûm i yno, heb i'r mwg amharu dim ar ei hysgyfaint! Roedd Euros Bowen wedi tyfu cnwd o wallt beiro goch yn saethu i fyny'n seimllyd o'i ben, a'i drawsnewid dros nos yn un o'r pyncs rhyfeddaf, mwyaf lliwgar a welodd Dyffryn Nantlle erioed! 'Roedd R. Williams-Parry wedi cael coblyn o fwstás handlen beic, a T. H. Parry-Williams — fe o bawb, fy hen athro hoffus — wedi cael pâr o glustdlysau danglog a gyrhaeddai hyd at ei ysgwyddau! D. J. Williams wedi cael locsyn beiro ddu hyd at ganol ei frest, a T. Llew Jones yn ei swagro hi mewn het gowboi! Yn wir, roedd pawb wedi cael rhyw ychwanegiad artistig at amlinell ei wyneb, ond doedd waeth heb na holi pwy wnaethai. Fyddai neb byth wedi gwneud dim, a fyddai neb byth wedi gweld rhywun arall wrthi chwaith! Gall plant ysgol fod yn rhyfeddol o driw i'w gilydd. Gadewais lonydd i'r sioe.

Am y deiliaid a fyddai'n mynd a dod i'r gwersi, roedd yr amrywiaeth yn fawr — 2R, 3S, 4N, 5D. Fe amrywiai'r llythrennau cynffonnog yn flynyddol ar un cyfnod. Wn i ddim pam, os nad mewn gobaith y byddai hynny'n codi'r safon, ond wnaeth e ddim! Nid y rhain fyddai plant disgleiriaf yr ysgol, ond efallai mai hwy oedd y plant mwyaf diddorol, parod iawn eu sgwrs, parod iawn i ddatgelu cyfrinachau personol y naill am y llall, parod i dynnu coes, parod i ymddiried llawer iawn mewn athro a fyddai'n barod i wrando arnynt. Mwynheais gwmni'r rhain.

Yn y pegwn arall, disgyblion y chweched dosbarth, amryw ohonynt, yn ddisgyblion deallus, dawnus, sydd wedi troedio ymhell iawn mewn gwahanol feysydd erbyn hyn. Fe'u cofiaf, rai ohonynt yn ceisio stwffio i mewn i ddesgiau a'u mesuriadau yn llawer rhy fach i'w tyfiant, yn teimlo'n anghyffforddus, ond yn dal i wenu'n rhadlon. Rhai ohonynt yn amau fy ngwirioni ar Awdl yr Haf, eraill yn amau geirwiredd Kate Roberts wrth iddi ddisgrifio cyni a llymder bywyd chwarelwyr Arfon ddechrau'r ganrif, nes i mi eu hargyhoeddi mai felly roedd hi. Pawb ohonynt yn cytuno bod *Un Nos Ola Leuad* yn llyfr da, am ei fod mor ddoniol ac mor naturiol, a neb ohonom yn rhyw siŵr iawn beth i'w wneud o ddirgelion astrus barddoniaeth Euros Bowen. Mwynheais fod yng nghwmni'r chweched dosbarth.

Rhwng y ddau begwn, roedd y rhelyw cyffredin, plant dygn eu hymroddiad gan mwyaf ac yn awyddus i wneud yn dda mewn arholiad, hyd nes i ddryswch yr holl ad-drefnu a fu ar gyrsiau addysg yn niwedd yr wythdegau eu drysu hwythau. Torrodd amryw eu calonnau yn eu hagwedd at waith ysgol . . .

Ddiwedd tymor yr Hydref 1987, ac ychydig cyn y Nadolig, cemais allan o'r Cwt (ac o'r ysgol) am y tro olaf. Roedd e'n gwegian ers tro, yn gollwng dŵr ac yn dyllog ei ffenestri, ond doedd neb am ei ymgeleddu. Fe ddaliodd hyd ddiwrnod ola'r tymor, ac yna fe glowyd y drws. Fu neb yn 'byw' yno wedyn, a dim ond gwrthrychau'r posteri wedi'u gadael i gadw gwarchodaeth dros y gwacter.

Ddeuddydd cyn diwedd tymor yr haf dilynol, cefais fy nghip olaf arnynt drwy'r ffenestr, cewri llenyddol Dyffryn Nantlle, Gwynedd a Chymru. Roedden nhw i gyd yno, yn hongian yn llipa yn y lleithder, yn disgwyl eu tynged. Pe bawn i wedi medru, buaswn wedi mynd i mewn i'w hachub, ond fedrwn i ddim. Doedd neb o gwmpas i agor y drws i mi. Teimlais ryw ias o euogrwydd rhyfedd, fel pe bawn i wedi bradychu hen ffrindiau wedi blynyddoedd o ffyddlondeb. Y tu allan, roedd y Chwalwr mawr — y jac codi baw, yn barod, a'i safnau glwth eisoes wedi'u hanelu at eu hysglyfaeth. Doedd e ddim ond yn disgwyl am orchymyn ei feistr i ymosod.

Ymhen tridiau roeddwn i'n pasio heibio eto, ac nid oedd ond carnedd o lwch a cherrig, pridd a phren yn aros, ac yn mudlosgi'n ddrewllyd yno. Roedd yr ystafelloedd cytiog i gyd wedi mynd. Roedd y chwalfa wedi digwydd. Arhosais am eiliad — ie, dim ond am eiliad — lle'r arferai'r bwrdd du fod yn fy ystafell i, lle'r ysgrifennais i filoedd ar filoedd o eiriau yng nghwrs y blynydd-oedd. I ba bwrpas? Wn i ddim. Roedd yn brynhawn braf, a'r olygfa i fyny'r dyffryn yn aros yn union yr un. Dyna'r unig beth oedd heb newid.

Erbyn hyn, fe godwyd adeiladau newydd hyd y fan, adeiladau modern, hwylus, ond dydyn nhw'n golygu fawr i mi. Aeth darn o'm gorffennol i, a gorffennol amryw o bobl eraill, yn deilchion yn y chwalfa fawr.

Ond am y profiadau amrywiol a gefais ynot, am y gwmnïaeth ddifyr, ac yn bennaf, am ddod ag ystyr a phwrpas yn ôl i'm bywyd, ac am fy helpu i adennill ffydd mewn pobol, diolch i ti, hen Ysgol Dyffryn Nantlle.

Y SGUBOR

Y canol o dri adeilad oedd hi, tri yn un fel petai. Ar y dde iddi, y stabal, ac ar y chwith, y beudy. Yn y canol, y sgubor, a rheswm ei lleoliad yn amlwg — er mwyn hwylustod i gadw bwyd i'r anifeiliaid tra byddent yn hydrefa a gaeafu o'i deutu.

Pentwr o wair yn un gornel, gwair a gâi ei gario'n ddyddiol o'r tŷ gwair gan fy nhad mewn llywionen ar ei gefn yn nhymor yr hydref a'r gaeaf. Ninnau'r plant yn cerdded y tu ôl iddo, ac yn codi'r dyrneidiau gwair a fyddai'n disgyn hwnt ac yma ar y daith, ac yntau'n ddi-ffael yn ein rhybuddio, 'Cofiwch godi pob dyrnaid, — hwyrach mai cymaint â hynny y byddwn ni'n fyr yn y gwanwyn.' Rhybudd y darbodus, ac mae'r frawddeg wedi'i serio i fêr fy esgyrn hyd heddiw. Mae'n gas gennyf unrhyw wastraff.

Pentwr o wellt yn y gornel arall — gwellt i'w daenu'n wely cynnes i geffyl a buwch, llo a mochyn, a hwyaid. O'r gwellt hwn y gwneid rheffynnau gwellt i doi'r teisi ŷd yn yr ydlan yn yr hydref. Fy nhad yn dirwyn y gwellt yn gelfydd o'r pentwr â'i ddwy law, a minnau'n troi'r bach haearn, digon cyntefig yr olwg, nes bod y rheffyn o'r hyd iawn. Gwaith diwrnod glawog, o dan do, fyddai hynny; ac o edrych yn ôl, roedd yn amser digon difyr, a chwlwm y cyfeillgarwch rhwng fy nhad a minnau yn cael ei gryfhau bob gafael mewn sgwrs a thynnu coes.

Yn y pentwr gwellt hwn hefyd y câi dau drempyn, a ddôi ar eu rhawd yn weddol gyson, wely a chynhesrwydd noson. William Bursell oedd un, pwtyn o ddyn bach, yn arian byw i gyd, ac yn rhyw fwmian siarad neu ganu iddo'i hun yn ddi-baid. Dod at ddrws y tŷ, gwybod y câi groeso, estyn ei gan te i Mam, yn gwybod y câi ei lenwi, ac estyn ei getyn clai a'i focs matsys i 'nhad, gan wybod y câi nhw yn ôl fore trannoeth. Rhyw seremoni fach i sicrhau 'nhad na wnâi ysmygu yn y sgubor, na rhoi'r lle ar dân, fyddai hynny — ond meddwl wnawn i tybed a fyddai ganddo focs matsys arall, a chetyn bach arall mewn rhyw boced gudd. Chawsom ni erioed le i amau bod, ond y natur ddynol yw'r natur ddynol wedi'r cyfan! Byddwn yn falch o weld William Bursell yn galw heibio. Roedd rhywbeth yn ddoniol ynddo, rhyw Charlie Chaplin bach o ddyn, a digon tebyg o ran pryd a gwedd iddo hefyd.

Gwyddel oedd y trempyn arall, ac yn blentyn roedd arna i ofn hwnnw. Roedd e mor fawr a chyhyrog, ymhell dros chwe throedfedd o daldra, sarrug ei wedd, ac yn siarad mewn llais dwfn, bygythiol. Llechu y tu ôl i Mam wnawn i pan ddôi hwnnw at y drws, a dydw i ddim yn siŵr nad oedd arni hithau ryw 'chydig o'i ofn hefyd. Y Di-enw oedd hwn i mi, ond câi yntau'r un croeso. Byddwn yn falch, serch hynny, o'i weld yn mynd drwy glwyd y clos yn y bore!

Mewn cornel arall o'r sgubor byddai dwy gasgen fwyd ieir — casgen yn cadw'r barlys wedi'i ddyrnu a'i nithio o gynnyrch y fferm, a chasgen yn cadw grawn yr India, *Indian Corn*, y pelenni bach caled, lliw oren a gwyn rheiny, na wn i hyd heddiw sut y gallai stumog iâr eu treulio! Yn y gasgen farlys y rhois i fy llaw, yn blentyn, un bore rhewllyd o Ragfyr cyn iddi ddyddio'n iawn, i godi sosbenaid o fwyd i'r ieir, pan grafangodd llygoden Ffrengig i fyny fy mraich yn hollol ddirybudd ac annisgwyl. Dychrynais am fy mywyd, a gweiddi mwrdwr! Mae'r hunllef yn aros hyd heddiw.

Yn y bedwaredd gornel, roedd y peiriant malu ŷd, peiriant bach bonheddig, digon distaw ei sŵn pan fyddai 'nhad wrthi'n malu, ac yn gwynnu'n ara' bach o'i gorun i'w sawdl yn y broses. Rhaid ei fod yn waith pleserus, oherwydd byddai 'nhad bob amser yn chwibanu wrth falu. Byddwn wrth fy modd yn gwybod ei fod yn hapus. Malu *bach* a gâi ei wneud yn y sgubor, rhyw falu at iws pob dydd. Câi'r malu *mawr* ei wneud yn y felin ardal ym mhentref bach Aberarth.

Wrth ochr y peiriant malu, roedd clamp o beiriant arall, y peiriant dyrnu. Pan fyddai hwnnw ar waith, byddai'n daranllyd ei sŵn, a byddai'n anodd iawn diwallu ei stumog. Fy nhad fyddai'n gwneud y gwaith hwnnw, a hynny â menyg am ei ddwylo, peth anghyffredin iawn i ffermwr! Ond byddai ysgall pigog yn y 'sgubau yn gwaedu'r croen. Fy mrawd fyddai'n gorfod ymlafnio i godi'r 'sgubau i ben y peiriant. Byddent yn drwm, ac yntau'n cwyno ar ei fyd. Weithiau, byddai'r rheffyn neu'r cortyn beindar a fyddai am y canol yn torri, a'r ysgub yn chwalu'n sypyn ar ei ben. Chwerthin fyddwn i, ond byddai ef yn gandryll. Doedd ganddo ddim i'w ddweud wrth waith fferm. Mam a minnau fyddai'n ceisio symud y gwellt a ddôi allan ar ruthr o grombil y peiriant, ond fyddem ni byth yn llwyddiannus iawn. Gwaith dyn oedd hynny i fod rywsut, ond fe wnaem ein gorau, yn chwys drabŵd. Roedd disgwyl i bawb wneud ei gyfraniad ar fferm deuluol yn y tri a'r pedwar degau. Ond a bod yn onest, dyw'r atgofion am ddyrnu yn y sgubor ddim yn rhai pleserus iawn.

Byddai'r nithio yn haws o lawer. Ar *ganol* y llawr y byddai'r peiriant nithio, a byddai hwn eto yn beiriant eithaf bonheddig, tawel ei sŵn. Melltith y nithio, wrth gwrs, fyddai'r manus, y wâst, a lynai wrth gôt, wrth hosan, wrth siwmper ac mewn gwallt, gan achosi pigiadau annifyr a chosi gwallgo am yn ail. Gwaith eithaf hawdd a gawn i wrth nithio — dim ond derbyn y gronynnau ŷd a gâi eu hidlo drwy'r peiriant, eu padellu i'r pec, a gweiddi ar fy nhad i ddod i wagio'r pec pan fyddai'n llawn. Byddwn yn ddigon bodlon fy myd ar fy neulin ar hen sach wedi'i phlygu'n bedwar ar y llawr.

Dyna'n fras felly gynnwys y sgubor yn nyddiau fy mhlentyndod — cymysgedd o'r da a'r drwg, y difyr a'r annifyr. Unwaith yn unig y bûm i'n ôl yn yr hen gartref wedi i'r teulu symud oddi yno. Cefais siom fawr. Doedd yno ddim bref buwch, gweryriad ceffyl, rhochian mochyn na chlochdar iâr. Doedd yno ddim *bywyd*, ac roedd amryw o lechi to'r hen sgubor, y beudy a'r stabal yn deilchion ar lawr, ond yn y briwsion llechi hynny, fe welais i rith o 'nhad a 'mam a'm brawd, y peiriant malu, y peiriant dyrnu a'r peiriant nithio, y ddwy gasgen fwyd ieir, a'r hen lygoden fawr haerllug honno a grafangodd i fyny fy mraich yn hanner gwyll y bore. Do, mi welais William Bursell a'r Di-enw hefyd yn eu llety unnos clyd, yn chwyrnu cysgu.

Maen nhw i gyd wedi mynd bellach, y sgubor a hwythau. Dim ond fi sydd ar ôl. Af i byth yno eto.

CIP AR INISHEER

Mae rhyw atyniad wedi bod erioed i mi mewn ynysoedd — mynd yno, a dod oddi yno, ond byth eisiau aros yn hir. Roeddwn wrth fy modd, felly, pan ddaeth cyfle yn haf 1990 i fynd ar drip i Orllewin Iwerddon, ac yn sgil hynny i un o dair ynys Aran, ychydig filltiroedd oddi ar arfordir Swydd Clare.

Roeddwn i eisoes wedi cael fy swyno yng Nghonnemara, yr ehangder amrywiol o gors a mawndir, o fynyddoedd a llynnoedd, o hud a lledrith a chyntefigrwydd. Roeddwn i wedi gweld rhai bythynnod to gwellt gwyngalchog, er eu bod nhw'n prinhau'n gyflym, a byngalos modern, hwylus yn brysur eu disodli. Roeddwn i wedi clywed yr iaith Wyddeleg yn cael ei siarad, ac wedi gwrando'n astud heb ddeall yr un gair. Roeddwn i wedi cael eistedd wrth dân mawn mewn siop grefftau, ac wedi arogli'r arogl unigryw am fwy o amser yn wir nag y gallwn i ei sbario. Mewn gair, roeddwn i wedi gwirioni ar Gonnemara. A pha ryfedd? Roeddwn i wedi disgwyl am hanner can mlynedd i fynd yno! Roeddwn i wedi gweld unwaith eto bobl yn dal i allu byw'n hamddenol, yn trin gwair gydag offer llaw, yn torri a thasu mawn yn grefftus, ac yn gallu mwynhau sgwrs â theulu a chymydog wrth wneud. Dim brys, dim pwysau amser, dim ond byw'r athroniaeth gall o 'un dydd ar y tro'. Ac eto fe ddôi eu trannoeth digynnwrf hwythau yn union 'run pryd â'n trannoeth ffwdanllyd, llawn rhuthr, ninnau, ac union 'run hyd fyddai'r ddau drannoeth! Gwyn eu byd. Roedd bod yng Nghonnemara yn therapi i gorff ac enaid.

Roeddwn i wedi gweld y Burren ar gyrion bae godidog Galway — milltiroedd o dir creigiog, diddorol, craig solet liw arian, ogofeydd ac olion o fyw cyntefig, gweddillion beddau, cromlechi, tyrau a chestyll, a sefydliadau crefyddol — a thyfiant o blanhigion o bob lliw a llun. Ydy, mae'r Burren yn hollol wahanol i bob tirwedd arall.

Yna fe ddaeth y diwrnod mawr, y diwrnod yr oeddwn i wedi edrych ymlaen ato fwyaf, ac wedi'i gynllunio cyn gadael cartref, sef diwrnod croesi i Inisheer, y leiaf a'r agosaf o dair ynys Aran.

Chysgais i fawr y noson gynt, fwy nag y gwnawn i'n blentyn cyn trip ysgol neu ysgol Sul. Roedd rhyw gynnwrf nerfol yn mynnu fy nghadw i'n effro, rhyw ofn y digwyddai rhywbeth ar y funud ola, ac na chawn i ddim mynd. Ac yn wir, bu bron iawn, iawn i hynny ddigwydd.

Roedd hi'n fore niwlog, gwlyb, digon gwyntog, a fawr o obaith y byddai'r cwch yn croesi. Edrych drwy'r ffenestr ganwaith, rhythu'n ofer am lygedyn o awyr las yn rhywle, croesi bysedd llaw a throed, ond dim yn tycio! Gyrrwr y bws yn gwirfoddoli'n ffyddiog i fynd â ni i bentref bach Doolin o lle'r oedd y cwch yn croesi — ac yn wir roedd e yno, cwch cymharol fychan, allan yn y bae yn ysgwyd fel corcyn ar y tonnau, ac yn disgwyl am gwsmeriaid. Torrodd hanner y parti eu calonnau yn y fan a'r lle. Roedd angen mynd allan i'r cwch mewn cwch llai fyth, mewn math o gwrwgl mawr, y *currack*, yn cario rhyw wyth o bobl ar y tro, ac am eiliad fer fe'm rhwygwyd innau mewn cyfyng-gyngor. Roedd y dyhead i fynd yn angerddol. Roedd yr ofn hefyd yn llestair, ond doedd dim amser i bwyso a mesur rhyw lawer. Roedd y cwch yn disgwyl, a mynd wnes i, heb lawn ystyried y peryglon, mae arna i ofn. Ddeuddydd ynghynt doedd y cwch ddim wedi croesi o gwbl. Y diwrnod cynt doedd e ddim wedi gallu croesi'n ôl, a'r teithwyr wedi gorfod aros dros nos ar yr ynys.

Ond wedi mentro, buan iawn yr ymgollodd pawb yn yr hwyl. Pawb am roi'r argraff eu bod yn ddewr a di-hid yn wyneb y ddrycin, ond mewn gwirionedd yn crynu yn eu sgidie, ac yn cadw llygad barcud ar y cloc, gan obeithio'n ofer y gwnâi hynny gyflymu'r munudau. Tonnau'r Iwerydd mawr yn llyfu'r dec, rhai teithwyr yn sâl, ond doedd dim y medrem ni ei wneud. Roeddem ni ar drugaredd yr elfennau, a'r cwch yn tonni o ochr i ochr, i fyny ac i lawr, yn ddigon dilywodraeth ac arswydlon. Roedd siacedi achub bywyd o dan y seti ac uwch ein pennau, degau ohonyn nhw, ond doedd neb wedi dweud wrthym ni sut i'w defnyddio!

Beth bynnag, fe laniwyd yn ddiogel. Am yr ynys ei hun, rhyw ddwy filltir ar draws ac ar hyd yw hi. Roedd yno fwy o dai nag oeddwn i wedi disgwyl eu gweld — tai a byngalos gwyngalchog, glân a deniadol, ambell fwthyn to gwellt, ysgol gynradd, ac ysgol uwchradd i blant hyd at bedair ar ddeg oed, dwy siop, Swyddfa Bost, eglwys a thafarn. Yn wir, roedd prif hanfodion hwylustod byw pob dydd yno, a'r hanfod pwysicaf oll efallai, rhyw dawelwch cyfrin a thangnefeddus.

Yna, fel anifail wedi ffroeni ysglyfaeth, daeth un o'r tyddynwyr prin i mewn i'r tŷ bwyta, a chynnig mynd â ni am drip o gwmpas yr ynys. '*Two pounds a head*,' meddai yn ei Saesneg prin. 'Iawn,' meddai pawb, gan ryw led-ddisgwyl gweld bws mini bach hwylus y tu allan. Ond O! na. Beth oedd yno ond tŷ gwydr — llythrennol felly — gyda tho gwellt iddo, wedi ei osod ar ffrâm bren olwynog, y cyfan yn gampwaith celfyddyd a dyfeisgarwch y tyddynwr ffraeth, Gwyddeleg ei iaith; seti a chadeiriau digon esmwyth y tu mewn, a lle i ryw ddeuddeg i bymtheg o bobl gweddol denau i eistedd. Ond roedd dau ddeg pump ohonom ni, a dim ond gyda chryn dipyn o wthio a pherswâd — yn union fel llwytho llond cart o foch bach 'slawer dydd ar ddiwrnod marchnad! — y llwyddwyd i gael dau ddeg tri ohonom i mewn yn un pentwr sardinaidd. Cafodd y ddau oedd ar ôl seddau anrhydeddus gyda'r gyrrwr yn nhu blaen y tractor cyntefig a dynnai'r tŷ gwydr rhyfeddol. Ac felly, yn gwmni chwerthingar, swnllyd, y cawsom ni weld ynys ddiddorol Inisheer gyda'i chaeau cloddiau cerrig bychain bach, ddim mwy na gerddi cyffredin, dafad neu ddwy mewn ambell un, buwch mewn un arall, mul neu ddau mewn un arall, a phob anifail yn rhoi'r gorau i bori, ac yn rhythu'n bensyfrdan ar 'yr hen shandri' yn orlawn o fodau annirnad yn mynd o'r tu arall heibio iddynt fel petai. Oedd, mi roedd y reid herciog honno ar Inisheer, hyd sgerbwd o ffordd erwin, yn un o brofiadau mwya digri 'mywyd i!

Fuaswn i'n mynd yno eto? Ar y fath dywydd? Na. Ydw i'n falch 'mod i wedi bod yno? Gan i mi ddod adre'n ôl yn ddiogel, ydw, yn falch iawn. Ar dywydd braf yn unig yr oeddwn i wedi digwydd bod ar ynysoedd o'r blaen, ond bellach gallaf fwy na dychmygu beth yw bod arnyn nhw mewn tywydd mawr, yn enwedig ar un mor fach ag Inisheer. Profiad i'w gofio, ond glaw neu hindda, diwrnod hirfelyn, tesog neu dymestl, fe wn y bydd *ynysoedd* yn dal i'm denu a'm cyfareddu.

Y DDAU DRO

Yn fyr, tro'r Lôn a thro'r Cwmins oedden nhw, dau dro yn fforchio i'r dde oddi ar y brif ffordd a gysylltai bentref bach Aberarth a'm cartref, rhyw filltir go dda o ran pellter. Doedd dim yn arbennig yn yr un o'r ddau dro, ac eto mi roedd yna i mi.

I fyny'r ffordd a fforchiai o dro'r Cwmins yr oedd fy ffrind pennaf, Beth, yn byw, ac ar dro'r Cwmins y byddem ni'n dwy yn cyfarfod bob amser i fynd i'r ysgol ddyddiol, i'r eglwys, i'r ysgol Sul, i ddrama neu gyngerdd neu de parti yn y pentref, i'r sinema yn Aberaeron, yn wir, i unrhyw le y gallem ni fynd iddo i gymdeithasu. Yn ddi-ffael, dyma'r man cyfarfod, ac os byddai'r naill neu'r llall ohonom yn hwyr yn cyrraedd, byddai gennym arwyddion wedi'u gadael i'n gilydd i ddangos bod y sawl a fyddai wedi cyrraedd gyntaf wedi mynd ymlaen, sef pentwr bach o bedair neu bump carreg wedi'u gosod mewn lle arbennig ar y tro. Arwyddion cudd, cyfrinachol rhyngom ni'n dwy, a neb arall — rhan o'n plentyndod difyr.

Wrth fynd i'r ysgol, byddai amryw o blant eraill yn dod hyd ei ffordd hi, a hyd fy ffordd innau, ac yn ddamweiniol hollol, heb unrhyw drefniant ymlaen llaw, yn amlach na pheidio fe ddigwyddem gyfarfod ar dro'r Cwmins. Ymlaen wedyn yn griw hapus, direidus, y bechgyn a'r merched yn tynnu ar ei gilydd, yn herian, yn pryfocio, yn chwerthin ac yn cael llawer o hwyl diniwed; tynnu gwallt yn chwareus, dwyn a thaflu bagiau bwyd, baglu'r naill a'r llall, a phob math o figitian, wedi llwyr anghofio bod y fath beth ag amser yn bod, — hyd nes i nodau bygythiol tincial cloch yr ysgol ddisgyn ar ein clyw. Marathon o ras wedyn, i gyrraedd cyn i wialen y prifathro gael ei hestyn o'i ddesg yn barod. Roeddwn i'n casáu gweld honno. Roedd hi'n cael ei defnyddio mor aml, ac yn gyrru iasau drwy fy nghorff.

Ar dro'r Cwmins y byddai'r gwahanu wedyn ddiwedd y prynhawn wrth i bawb droi am adref i'w ffordd ei hunan. Gwahanu cynnes, cyfeillgar plant y wlad, y gwahanu 'wela i di fory'! Yr oedd i dro'r Cwmins arwyddocâd arbennig i ni.

Tir comin oedd oddeutu'r ffordd a arweiniai i'r dde o'r tro. Yno y dôi'r sipsiwn i wersylla, gyda'u ceffylau brown a gwyn, un mul bach efallai, geifr, milgwn, ac weithiau rhyw hanner dwsin o ieir. Byddent yn dod yn gyson, y naill deulu ar ôl y llall, ac yn aros am ryw wythnos, mwy neu lai. Doedd arna i ddim mymryn o'u hofn nhw. Roedden nhw'n rhan o'm plentyndod i, yn dod at ddrws y tŷ i werthu pegiau a lastig, rils a phob math o drugareddau, ac yna, cyn mynd, yn gofyn yn gyfrwys am geiniogwerth o laeth, ychydig o datws, neu weddillion torth. Aethon nhw erioed adref yn waglaw, a chawsom ninnau chwaith erioed drafferth o'u tu nhw. Rywle, yn ystod fy oes i, y mae cyd-ddealltwriaeth byw wedi mynd ar goll!

Nid nepell o'r tro, ar y comin, yr oedd ffynnon, ac yno y câi o leiaf ddau deulu eu dŵr glân, eu dŵr yfed. Yno hefyd y câi'r sipsiwn eu dŵr — dŵr gloyw loyw y gallech weld drwyddo i waelod y ffynnon, ac yno, rhwng y cerrig mân, byddai broga llygadog yn byw! Rwy'n ei gofio'n dda. Tybed a yw ei ddisgynyddion yno o hyd? Fe af i edrych ryw ddiwrnod!

Heb fod nepell o'r ffynnon wedyn, yr oedd yna bwll dŵr yn y corstir, ac yn hwnnw bob gwanwyn y caem ni lond potiau jam o grifft llyffant, penbyliaid, ac ambell fadfall y dŵr. Am hwyl yn ceisio'u dal, yn droednoeth yn y stomp mwdlyd!

Yn is i lawr 'roedd yna lyn bach, llyn Pentre, ac yn hwn y câi'r dŵr ei storio i droi'r rhod ddŵr y byddai'n rhaid wrthi i gyflawni amryw o orchwylion ar y fferm honno. I'r llyn hwn yr aem ni â'r ceffylau, ar derfyn diwrnod o waith yn y pridd, i olchi'u traed a'u bacsau. Yma hefyd yr aem ni â nhw i ddisychedu ar gyfnodau o brinder dŵr ar y fferm ar hafau poeth. Roedd yn anhygoel gymaint o ddŵr y gallent ei yfed ar unwaith — drachtio swnllyd, hir. Byddwn yn mwynhau cael marchogaeth i mewn i'r llyn, ond unwaith mentrais yn rhy bell ymlaen at wddf y gaseg, ac wrth iddi blygu ei phen i lawr, bu bron, bron iawn i mi â disgyn oddi ar ei chefn, dros ei gwddw, ac i'r dŵr. Crafangu fel gelen wrth ei mwng a'm hachubodd, ac fe ddysgais fy ngwers!

Am dro'r Lôn, tro yw hwn wrth hen gartref mebyd fy mam, — hen dŷ, a thipyn o gymeriad yn perthyn iddo. Yno, yn y gegin, yr oedd yr unig wely wenscot i mi ei weld erioed yn dal i gael ei ddefnyddio. Roedd e yno pan oeddwn i'n blentyn, a'r cyrten wedi'i dynnu'n gelfydd hyd ei ochrau. Fedrwn i ddim llai na rhythu arno mewn syndod bob tro yr awn i'r tŷ.

Yn y Lôn y câi fy mrawd a minnau, yn blant, de dydd Sul weithiau, rhwng ysgol Sul ac oedfa nos — *jelly* a *blancmange*, a tharten fwyar duon, yn ei hamser, na phrofais i ei thebyg na chynt nac wedyn. Yn y Lôn y cawn i brofi o hwyl blynyddol diwrnod dyrnu'r 'injan fawr', a'r swper amheuthun o gig moch oer, picls a *chutneys*, a saws H.P.! Yno hefyd y cawn i arwain y ceffyl a fyddai'n tynnu rhaff y codwr gwair, wrth iddo godi cofleidiau o wair digon anystywallt i ben y das, fis Mehefin neu Orffennaf. Byddwn wrth fy modd. Mae llawer atgof difyr yn gysylltiedig â'r Lôn.

Ond bellach, o dro'r Lôn, edrych at y fynwent — mynwent eglwys y plwyf — a wnaf i, a chaf dro yn fy stumog. Bedair gwaith, o fewn byr amser, profais droi'r tro y tu ôl i'r hers, ac yn y fynwent y gorwedd gweddillion fy nhad, fy mam, fy mhriod a'm brawd. Mae amryw o'r hen gydnabod, a rhai o'm cyfoedion, eisoes wedi mynd heibio'r un tro, ac ar yr un siwrne. Ryw ddiwrnod, byddaf innau'n mynd. A fydda i'n gwybod, wn i ddim, ond gwn na fyddaf yn gofyn bryd hynny, fel y gwnes i gynifer weithiau, 'Pwy tybed fydd y nesaf?' Un o'r dirgelion a gaiff aros yn ddirgelwch fydd hynny, o'm rhan i, y diwrnod hwnnw.

CADW DYDDIADUR

Na, fûm i erioed yn cadw dyddiadur o ddifri, ond eto fe fûm yn ymhél rhyw 'chydig â'r peth, a hynny pan oeddwn i'n ifanc iawn. Doedd gen i ddim llyfr bach twt, hawdd i'w gadw yn y boced, a phensel bach handi ynghlwm wrth ei ochr. Doedd gen i ddim llyfr mawr, clawr caled, agored ar fy nesg ysgol chwaith, i'm hatgoffa ble roeddwn i i fod ar y diwrnod a'r diwrnod a'r awr a'r awr, ond, mi roedd gen i lyfr bach dwy geiniog o siop-bob-peth y pentref, a dyna'r dyddiadur pan oeddwn i ryw wyth, naw oed.

A'i gynnwys? Wel, rhywbeth yn debyg i hyn. Y dyddiad a'r dyddiad, 'Seren y fuwch yn cael llo bach, un bach brown a gwyn, a chlustiau hirion.' Dyddiad arall, 'Siwsi'r hwch yn cael torraid o foch bach, a'u blew fel sidan pinc.' 'Ffebi'r iâr Leghorn wedi dod i'r buarth a dwsin o'r cywion bach perta a welwyd erioed yn ei dilyn, yr hen ledi wedi bod yn gori allan 'leni eto, fel arfer.' 'Fflei, yr ast ddefaid wedi cael cŵn bach yn y das wair,' ac mewn cromfachau, 'Gobeithio y ca i gadw un.' 'Fflyff, y gath drilliw, ar goll heddiw,' ac eto mewn cromfachau, 'Rwyn siŵr mai wedi mynd i gael cathod bach mae hi,' a gwir fyddai hynny, oherwydd ymhen rhyw bythefnos, fe ddôi at y tŷ, a chath fach yn hongian o'i cheg, yn cael ei chario gerfydd ei gwegil. Yna ail gath fach, ac yn amlach na pheidio, trydedd a phedwaredd hefyd. Byddent wedi agor eu llygaid, a dyna'r frwydr wedi'i hennill. Doedd dim boddi cath fach wedi agor ei llygaid i fod yn ein tŷ ni. Byddai'n rhaid i mi felly chwilio'n ddyfal am gwsmeriaid i'r cathod bach yn yr ysgol trannoeth!

Beth arall fyddai yn y dyddiadur? Rywdro ym mis Ebrill, 'Clywed y gwcw heddiw — wedi cario ceiniog yn fy mhoced ers dyddiau, rhag ofn'. 'Cael gafael mewn nyth robin goch heddiw yng nghlawdd yr ardd, pedwar wy ynddi, a nyth dryw bach hefyd, a nyth mwyalchen yn y berllan.' Roedd bywyd yn braf, ond yng nghanol cofnodion mis Ebrill, brawddeg o wae! Wedi gweld ar y ffordd adref o'r ysgol fod gŵydd Pentre wedi cael gwyddau bach, a gwybod y byddai'r clagwydd yn fwy bygythiol nag arfer, yn hisian ei awdurdod arnaf wrth i mi basio, ac yn anelu'n syth am fy nghoesau, gan fflapian ei adenydd hirion yn haerllug, dim ond i ddangos pwy oedd pwy, a be oedd be.

Ar ambell ddiwrnod arbennig, cofnod arbennig — 'Bedyddio Jet, y gath fach ddu a'r ddau lygad gwyrdd'; ie, bedyddio llythrennol ym mhwll dŵr yr hwyaid, a'm brawd, a ffedog wen dros ei ysgwyddau, ar osgo ficer y plwyf, yn cyflawni'r ddefod bwysig! Cofnod arall, 'Claddu Bwni, fy ffrind', — ie, y gwningen fach chwareus a roddodd gymaint o bleser i mi. Rhyw hen gi strae wedi dod heibio a rhoi ei ddannedd miniog ynddi. Faddeuais i byth i'r cena creulon. Ys gwn i a yw'r llechen las yn dal ar y bedd ym mhen draw'r ydlan wrth y llwyn gwsberis?

Rywdro ym mis Mai, mis fy mhen blwydd, cofnod am eni'r ebol bach i Darbi, y gaseg winau, a minnau'n mynnu, ie, mynnu codi gyda thoriad gwawr, y munud y cyhoeddai fy nhad ei fod wedi cyrraedd, a mynd allan i'w weld yn rhoi ei gamau simsan cyntaf dros y carped o lygaid y dydd. Rhoi fy llaw ar ei gefn, byseddu ei drwyn melfed, a gwybod y byddem ni'n ffrindiau. Beth sydd dlysach na chaseg ac ebol mewn cae i groesawu'r gwanwyn? Hyd heddiw rwy'n dotio atynt.

Ar ddydd fy mhen blwydd, yr un cofnod bob blwyddyn — 'Cael codi am saith i nôl y gwartheg.' Ie, *cael* sylwch, nid *gorfod*. Pleser, yn wir, anrheg i mi fyddai cael codi mor fore, a mynd, dim ond Pero'r ci a finne, ar draws y caeau i nôl y gwartheg i'r buarth i'w godro, y gwcw'n canu'n ddi-baid yng nghoedydd Cwm Arth, y gwenoliaid yn gwibio'n acrobataidd o gwmpas fy mhen, adar di-ri yn tiwnio'u lleisiau at ganu'r dydd, yr awel yn ffres, a synau'r bore yn felodi ar glyw. Pa fwynhad a gawn i yn yr arferiad blynyddol hwn, wn i ddim yn iawn, ond fe gawn ryw fwynhad rhyfedd, digon o fwynhad i'w gofnodi yn fy llyfr bach, beth bynnag.

Rywdro ym mis Mehefin, cofnod syml a digwafers arall, 'Golchi defaid heddiw' — ie, golchi'r defaid mewn pwll dwfn pwrpasol yn yr afon, defod deuluol flynyddol, a diwrnod diddorol i ni blant. Ar gyfer dydd Gwener y Groglith, 'Cael byns i de heddiw'; eto yn hollol syml, ac ar gyfer Sul y Pasg, 'Wedi cael dillad newydd — a sgidie', fel rhyw atodiad bach. Ac ar gyfer nifer o Suliau drwy'r flwyddyn, 'Cael *jelly* a *blancmange* i de heddiw, a tharten gyrens, neu darten gwsberis, neu darten fwyar duon', yn dibynnu ar y tymor. Oedd, mi roedd bywyd yn braf.

Pasiodd plentyndod cynnar a daeth yr arddegau, a newidiodd natur y cofnodi i bethau fel, 'Wili John wedi aros amdanaf ar ôl yr ysgol heddiw; Siân yn genfigennus — Ha! Ha!' 'Bobi bach yn dangos ei hunan heddiw eto — fel arfer. Hen ffŵl!' 'Dai Deryn yn cael cên am dynnu gwallt y merched, ond stopith e byth.' 'Mynd i'r pictiwrs heno' — hynny'n golygu cael mynd i dref Aberaeron gyda'r criw. 'Mynd i barti pen blwydd Mair. Ifan John yno hefyd. Am sbort.'

Pasiodd y cyfnod hwnnw hefyd, ac aeth blynyddoedd heibio wedyn heb i mi gofnodi fawr o ddim, ond fe ailddechreuais rywdro yn fy ugeiniau; cofnodi rhyw brofiadau a theimladau personol yn bennaf, ond wêl neb byth mo'r cofnodion hynny. Fedra i ddim deall y bobol hynny sy'n barod i bethau mor bersonol â dyddiaduron fynd yn eiddo i eraill. Tasen nhw ddim ond yn gwybod be sy'n digwydd iddyn nhw! Na, un prynhawn, bron iawn i ugain mlynedd yn ôl bellach, a minnau i fynd i'r ysbyty trannoeth, heb fawr o sicrwydd y down i oddi yno yn fyw, fe heliais y cyfan at ei gilydd, fe'u gwnes yn bentwr bach taclus, rhoi 'chydig o baraffin arnyn nhw, a chynnau'r fatsien. Heb unrhyw frathiad cydwybod, fe edrychais ar dafodau'r fflamau yn llyfu'r cyfan i ddifancoll. Cyn pen dim, doedd ond 'dyrnaid o laswawr lwch' yn aros. Dydw i ddim wedi 'difaru.

Ydw i'n cadw dyddiadur heddiw? Nac ydw, dim un cyflawn beth bynnag, ond rwy'n prynu neu'n cael un bob blwyddyn. Beth sy'n mynd iddo? Wel, rhyw sylwadau bach digon di-ddrwg, di-dda, tebyg iawn i gynnwys dyddiadur fy mhlentyndod. Ar y dyddiad a'r dyddiad, 'Gweld oen bach cynta'r gwanwyn'. Ar ddyddiad arall, 'Cael y tatws newydd cynta o'r ardd', 'Clywed y gwcw', 'Gweld gwennol gynta'r tymor'. Cerdded o rywle i rywle arall, a sylwadau ar y daith a'r tywydd. Trip i ryw fan arbennig efallai; dim ond pethau bach bob dydd bywyd, dim llai, dim mwy bellach!

'WELL DONE, GRANNY'
(Ymweliad ag Ynys Enlli)

Pe cawn i egwyl ryw brynhawn
Mi awn ar draws y genlli,
A throi fy nghefn ar wegi'r byd,
A'm bryd ar Ynys Enlli.

meddai'r bardd T. Gwynn Jones. Yn annisgwyl braidd y daeth egwyl felly i'm rhan i ym mis Mehefin 1993. Roeddwn wedi bod yn dyheu erioed am gael rhoi troed ar Ynys Enlli. Un rheswm oedd am fod rhyw atyniad i mi bob amser mewn ynysoedd, yn eu neilltuedd, yn eu gerwinder, neu yn eu tawelwch arall-fydol. Yr ail reswm oedd am fod Enlli wedi bod erioed rywsut ar gyrion fy mywyd. Gallwn weld fflachiadau goleudy Enlli yn glir o'r hen gartref, cartref fy mhlentyndod yng nghanol Sir Aberteifi, a milwaith a mwy y bûm yn eu cyfrif ar draws y bae, pum fflach ac yna seibiant bach o ryw eiliad neu ddwy. Dyna ddechrau'r dyhead i fynd yno, mae'n debyg.

Roeddwn i wedi darllen llawer am yr ynys, ac wedi gweld lluniau ohoni ar y set deledu, ond rhywbeth gwahanol, wedi'r cyfan, fyddai mynd yno. Roeddwn i wedi cynllunio mynd yno laweroedd o weithiau, ond bob tro byddai rhywbeth yn mynd o'i le ar y cynlluniau. Felly, isel oedd fy ngobeithion am gael mynd y tro hwn hefyd. Oherwydd rhyw gynnwrf mewnol, cynnwrf y gobaith a'r ansicrwydd, chysgais i fawr, codais gyda'r wawr, ac yn wir, roedd hi'n sych, roedd hi'n braf, roedd hi'n obeithiol.

Felly, i ffwrdd â ni, bump ohonom yn y car, a'r tywydd wrth i ni fynd drwy Lŷn yn gwella bob gafael, haul ar y gorwel, ambell glwt o awyr las wedi ymddangos cyn wyth o'r gloch y bore, canmol ein lwc, a sicrhau ein gilydd y byddai'r Swnt yn siŵr o fod yn eithaf digynnwrf ar fore mor braf.

Cyrraedd Porth Meudwy, a chael bod yno griw o bobl wedi cyrraedd o'n blaenau ni, ond am ryw reswm doedd neb yn edrych yn hapus iawn. Pam? Wel, y cychwr oedd newydd ddweud wrthyn nhw fod y môr braidd yn arw (*choppy* oedd y gair a ddefnyddiodd e), ac nid oedd yn siŵr a oedd am fentro. Ond wedi ymgynghori tipyn, penderfynu mynd a wnaeth e. Aeth deuddeg o bobl i mewn i'r cwch, ac i ffwrdd â nhw fel mellten dros yr eigion. Roeddwn wedi fy syfrdanu gan gyflymder y cwch wrth iddo hollti cwysi o ewyn gwyn o'i ôl, a'r trochion yn codi'n gawodydd o'i gwmpas, yn union fel bad achub yn ymateb i alwad frys. Cyn pen dim, 'roedd wedi diflannu o'r golwg. Am eiliad fer, collais innau fy hyder a chofio am y daith hunllefus honno a gawswn i Ynys Inisheer dro'n ôl. A oeddwn i am fentro? 'Wel,' meddwn i wrthyf i fy hun, 'fallai na cha' i byth mo'r cyfle eto.' A'i mentro hi wnes i, yn un o ddeuddeg, pan ddaeth y cwch yn ôl yn ddiogel i'n nôl ni.

Roedd angen tynnu'r sane a'r sgidie, a cherdded ychydig gamau drwy'r dŵr at y *dinghy* bach rwber nad oedd yn cario ond pedwar ar y tro. Wedi i bedwar ohonom eistedd ynddo, mor glòs â sardîns mewn tun, roedd ochrau'r *dinghy* bron iawn yn gyfochrog â'r dŵr. Rhwng crynu a chwerthin, fedrwn i wneud dim ond gobeithio'r gorau!

Cyrraedd at y cwch mwy yn ddiogel, ond roedd angen camu o'r *dinghy* i hwnnw, a dyna i chi gamp! Roedd dec y cwch lawer iawn yn uwch na'r *dinghy*, a'r gorchymyn oedd ceisio dal ar gyfle pan fyddai'r cwch wedi gostwng ychydig gyda symudiad y môr. Fûm i erioed yn llawer o acrobat, fûm i erioed yn dda am wneud ymarfer corff ffurfiol, a fedrwn i yn fy myw gyrraedd dec y cwch, ond drwy gael fy nhynnu o'r tu blaen, a'm gwthio o'r tu ôl, fe lwyddais yn y diwedd, a dyna pryd y dywedodd y cychwr rhadlon wrthyf, '*Well done, Granny*'. 'Diolch yn fawr,' meddwn innau wrtho yntau yn ddigon bonheddig, heb fod yn siŵr iawn am beth roeddwn i'n diolch!

Deellais wedyn fod pawb wedi cael yr un driniaeth, ac wedi i'r deuddegfed person gyrraedd yn ddiogel, i ffwrdd â ni fel saeth o fwa. Efallai fod rheswm seicolegol am hynny. Yn sicr doedd dim amser na chyfle i feddwl am beryglon, am ffolineb y mentro, am y posibilrwydd o beidio â gweld câr na chyfaill (na Phenygroes) byth eto. Cyn pen dim, roeddem ni allan ymhell ar y môr, a dyna'r hyrddiadau yn dechrau. Chawswn i erioed y fath brofiadau o'r blaen, — hyrddiad ar ôl hyrddiad, a'r cwch fel pe'n taro yn erbyn rhyw wal neu graig enfawr nad oedd yn weledig. 'Ydyn ni'n saff?' meddwn i wrth y cychwr. 'Ydych siŵr,' meddai yntau gyda gwên gŵr o brofiad ar ei wyneb. Ond fedrwn i mo'i goelio fe! Hyrddiad arall, ac un arall, ac un arall. 'Be sydd?' meddwn i eto. 'Y cerrynt,' meddai yntau, 'y llanw'n troi. Mae'n ddrwg nawr. Fe fydd yn well pan fyddwch chi'n mynd 'nôl.' Tybed? meddyliwn innau. Tybed a welem ni fynd 'nôl o gwbwl?

Hanner awr fuom ni yn nannedd y ddrycin, — na, nid drycin chwaith. Y môr oedd yn un crochan berw, a'r hanner awr yn ymddangos fel oes hirfaith. Yna, o'r diwedd, daeth ochr serth yr ynys i'r golwg, a chyn pen dim, roeddem ni wedi cyrraedd y Cafn, ac yn glanio. Sôn am roi ochenaid o ryddhad, ac o ddiolch!

Am yr ynys ei hun, roedd hi'n union fel roeddwn i wedi disgwyl ei gweld hi, y tai ffermydd da, solet eu hadeiladwaith, y warchodfa adar, yr ysgol fechan sydd wedi ei chau ers rhai blynyddoedd, y capel bach cywrain (a gwasanaeth yn cael ei gynnal yno ar y pryd) a'r tŷ capel helaeth, y gofeb i'r ugain mil o saint, a'r cofebau i deulu'r Arglwydd Niwbwrch ym mynwent yr hen Abaty. Roedd yno ddefaid, ceffylau, gwyddau, a llu o adar môr ym mhobman, rhai'n hofran o gwmpas, eraill yn pigo hyd y traethau, a rhai'n gwneud dim ond diogi'n swnllyd hyd y creigiau ysgythrog. Yn fwy na dim, roedd yno forloi dirifedi. Welais i erioed yn fy mywyd gynifer o forloi, rhai mawrion, tewion, llyfnion, rhai ohonyn nhw yn gwneud dim ond llygadrythu'n swrth arnom ni, ryfeddodau dynol, eraill fel pe am ein cyfarch yn gyfeillgar, a rhai mor hy â cheisio'n dychryn â'u synau gyddfol digon oeraidd. Wna i byth anghofio morloi Enlli.

Wedi dwy awr a hanner o rodianna hyd yr ynys, roedd hi'n amser meddwl am fynd yn ôl at y Cafn i ddisgwyl y cwch, ond cyn cefnu rhaid oedd mynd at y goleudy, goleudy hirsgwar coch a gwyn, nad oes angen pobl i'w reoli bellach. Wedi'r cyfan, hwn oedd y symbyliad pennaf i'm denu i'r ynys o gwbl. Do, cefais sefyll wrth ei droed, a sylwi'n fanwl ar ei fflachiadau disglair, pum fflach a seibiant, yn union fel a welwn o'm cartref ar draws y bae flynyddoedd lawer yn ôl. Dyna i chi wefr, — pontio dau le, pontio dau gyfnod yn fy mywyd.

Erbyn hyn, roedd y niwl o'r môr yn dechrau crafangu ei ffordd tuag at y tir, a'r corn niwl yn udo ei rybuddion i ddyn ac anifail.

Roedd yn amser i ni fynd, a gadael yr ynys i'w gwir berchenogion — y morloi, yr adar, y defaid, y ceffylau a'r gwyddau. Mewn chwinciad roedd wedi diflannu'n gyfan gwbl o'n golwg.

Bu'r daith yn ôl yn un hynod o ddidramgwydd, ac eithaf pleserus. Rhaid bod y cerrynt wedi ymdawelu ar ôl cael eu sbort, a dim ond ugain munud fuom ni cyn glanio ym Mhorth Meudwy. Yno, wedi cyflawni'r orchest, wedi cael bod ar Enlli, ac wedi cyrraedd yn ôl yn ddiogel, fe deimlwn innau hefyd fel dweud wrthyf fi fy hun, 'Well done, Granny'!

Diwrnod bythgofiadwy. Ydw i'n falch i mi fynd yno? Ydw, yn falch ryfeddol. Af i yno eto? Go brin, os na cha i fynd mewn helicopter!

Y PERLAU COLL
(Dwy ffrind)

Miss EDWINA JONES-ROBERTS, Penygroes

'*Where are my pearls?*' Dyna'r geiriau olaf a glywais o'i genau hi, a hithau'n cael ei gwthio mewn cadair olwyn at yr ambiwlans a safai y tu allan i'w chartref, Llywenarth, yn barod i fynd â hi i'r ysbyty ar brynhawn diflas o fis Rhagfyr 1988.

Yr oedd darn mawr o Benygroes yn mynd i ffwrdd yn yr ambiwlans hwnnw; y wraig urddasol a olwynodd ei ffordd — yn ddigon peryglus weithiau! — drwy'r pentref ar hyd y blynyddoedd i rannu'i chymwynasau o dŷ i dŷ, o stryd i stryd, ac o fudiad i fudiad — Gwasanaeth Gwirfoddol y Merched, Gwasanaeth y Pryd ar Glud, Cartref Plas Gwilym, ac yn bennaf efallai, Clwb yr Heulwen. Ble bynnag y byddai angen, ble bynnag y byddai salwch, ble bynnag y byddai profedigaeth, byddai hithau yno hefyd, yn hael ei charedigrwydd a'i chonsýrn. Ble bynnag y byddai llawenydd a dathlu, hoffai gael rhan yn y rheiny hefyd, a byddai wrth ei bodd ym myd plant a phobl ifanc.

Do wir, yn ystod pymtheg mis olaf ei bywyd, ysgrifennais ddegau ar ddegau o gardiau pen blwydd, cardiau cyfarch, cardiau cydymdeimlad, cardiau llongyfarch a chardiau gwellhad drosti. Heb fedru cysylltu â dyddiadur na chalendr, roedd y dyddiadau i gyd rywle yng nghhompiwtar ei chof. Roedd y peth yn anhygoel, ac yn peri mwy a mwy o syndod i mi bob tro, ond roedd hi am fod yn rhan o fywyd pawb rywsut, a pharhaodd y diddordeb hwnnw hyd y diwedd. Ar ambell funud wamal, byddwn yn dweud wrthi ei bod hi'n cofio dyddiad pen blwydd pob cath a chi ym Mhenygroes, a byddai'n chwerthin yn braf.

Heddiw, trannoeth yr angladd, y cystudd blin a'r dioddef dirwgnach sydd fwyaf byw yn y cof, ond gyda threigl amser, fe wn mai'r hyn fydd yn aros fydd cof am yr haelioni mawr, y caredigrwydd di-ben-draw, y synnwyr digrifwch heintus, y sylwadau diflewyn ar dafod am hyn ac arall, a'r hanesion am y cyfnod a dreuliodd hi mewn ysgol fonedd ym Mharis; am brofiadau'i thad fel meddyg teulu ym Mhenygroes a'r ardal ddechrau'r ganrif, am y Parch William Elias Williams, gweinidog poblogaidd capel Bethel am gyfnod maith, am fwnci Gwyddfor yn talu ymweliad â'r Seiat, am y partïon a'r dawnsio hyd oriau mân y bore yn Llywenarth, a chant a mil o straeon digri eraill.

Ond pylwyd y llygaid yn raddol, byddarwyd y glust, ac yna distawodd y llais a'r chwerthiniad iach yn gyfan gwbl; ond hyd byth mi gofiaf y frawddeg olaf a lefarodd hi yn fy nghlyw i, a hithau'n ddim ond cysgod gwael, llipa, diymadferth, o'r urddas a fu, yn cael ei holwyno am y tro olaf drwy ddrws ei chartref yng nghlogyn coch yr ambiwlans.

Ie, — '*Where are my pearls?*' yn union fel pe bai hi'n cychwyn i ddawns neu i barti, ond roedd y nyrs garedig eisoes wedi gofalu eu bod nhw am ei gwddw hi. Hithau'n dal gafael ynddyn nhw fel gelen wrth fynd i wynebu'r anwybod dirgel — yr unig fymryn o'r balchder a fu a oedd ar ôl ganddi bellach i ddal gafael ynddo.

Cyn pen pedair awr ar hugain roedd hi wedi cau ei llygaid am byth. Ond os oes yna fywyd ar ôl marwolaeth, rwy'n siŵr ei bod hi, yn fuan iawn, wedi cael profi o'r *gwir* berlau yr oedd hi mor deilwng ohonynt.

Mrs BETH HUMPHREYS, Llanfair, Harlech

Prynhawn o 'haf hirfelyn, tesog,' ym mis Gorffennaf 1990, a minnau'n eistedd mewn sedd ar fy mhen fy hun yn eglwys fechan Llanfair, ger Harlech, yno yn rhythu yn anghredinol ar arch fy ffrind pennaf, Beth, a fu farw mor greulon o sydyn. Roedd yr eglwys yn llawn blodau, yn wirioneddol hardd. (Wyddwn i ddim ar y pryd fod priodas wedi bod yno yn y bore.) Roedd hi fel eglwys fechan Llanddewi Aberarth ar ddydd Diolchgarwch yn nyddiau mebyd Beth a minnau, a llifodd yr atgofion yn ôl.

Atgofion am y cyd-gerdded law yn llaw, neu fraich ym mraich i bob man — i'r ysgol ddyddiol, i'r Ysgol Sul, i'r 'cwrdd' bore a nos Sul, i'r Cwrdd Plant ar brynhawn Sadwrn yn y gaeaf, i 'steddfod a chyngerdd yn Aberarth, i'r 'sinema' yn y Neuadd Goffa yn Aberaeron — i bob man. Roeddem ni'n ffrindiau mynwesol, a'n teuluoedd ni felly hefyd. Doedd ryfedd felly i'r ergyd fod yn un mor finiog, yn un y cymer hi amser hir i mi ddygymod â hi.

Yr hyn a wnes i ddoe, yn yr eglwys, oedd cofio Beth yn dod i ysgol y pentref ar ei diwrnod cyntaf, yn bedair oed, ac yn gwisgo brat bach lliwgar, deniadol; ei chofio hi'n rhannu pranciau'r arddegau â mi, cofio'r hwyl a'r chwerthin digon diniwed, ond yn sbort i ni ar y pryd. Dyddiau plentyndod, dyddiau ysgol a choleg, dyddiau'r 'setlo lawr,' dyddiau llawenydd a siom — do, fe rannwyd y cyfan.

A ddoe dd'wethaf, yng nghanol y tristwch eithaf, fedrwn i ddim llai na gwenu am funud, a hwyrach ei bod hithau wedi gwenu, os nad pwffian chwerthin hefyd, wrth i'r organ gael rhyw anhwylder, ac i nodau digon ansoniarus ddod o'i fol. Dyna'n union beth fydd-ai'n digwydd i organ droed eglwys Llanddewi Aberarth weithiau. Dyna fyddai'n ein gyrru ni'r plant i ffitiau o chwerthin, i haeddu cuwch gan ein rhieni, a row ar ôl mynd adre! Oeddem, roeddem ni'n dwy fel pe baem ni gartre'n ôl ddoe. 'Doedd yno neb arall a allai rannu'r un profiadau â ni.

Ac rwy'n falch mai o *eglwys* Llanfair yr aeth Beth i'w gorffwysfan. Roedd cylchdro ei bywyd fel pe'n gyflawn rywsut. Fe'i gadewais yn y pridd, a chôr o adar bach yn canu o'r goeden uwch ei phen. Arwyddocaol? Wn i ddim.

Am gyfeillgarwch oes, am gyfeillgarwch diffuant iawn, am gymaint o hwyl diniwed, am gynhaliaeth yn y dyddiau blin, am atgofion mor felys, am bopeth — diolch i ti, Beth.

PERTHYN

Oes y mae yna berthyn a pherthyn — perthyn o ran cig a gwaed, efallai, neu berthyn i ardal neu fan arbennig, ond boed e'r naill neu'r llall, sylfaen y perthyn yw rhyw gwlwm tyn y mae'n anodd iawn dianc rhagddo.

I bob pwrpas, gadewais i gartref fy mhlentyndod yn ddwy ar bymtheg oed. Fûm i ddim yn byw'n sefydlog yno wedi hynny, dim ond rhyw fynd a dod mor gyson ag y caniatâi amgylchiadau, ond wnes i erioed dorri'n rhydd chwaith. Yno mae'r atgofion, yno y bydda i'n dianc yn y meddwl bob gafael, pan fydd problemau byw yn pwyso; ie, yn ôl yno i adflasu'r dyddiau dedwydd, a'r hen gymdeithas werinol, glòs yr oeddwn i'n perthyn iddi.

Y toriad cyntaf oedd y dydd pan fu'n rhaid i mi fynd i'r ysgol am y tro cyntaf. Hunllef o brynhawn fu hwnnw i mi. Wyddwn i ddim beth oedd caethiwed cyn hynny. Roeddwn i wedi fy magu ar fferm, ac allan, yn gynffon glòs i'm tad, y mynnwn i fod drwy'r dydd — yn bwydo'r anifeiliaid, yn cerdded y tir âr wrth ei sodlau, neu'n cael fy nghario rhwng cyrn yr aradr pan fyddwn wedi blino, yn sylwi ar wylan yn gloddesta ar bryd amheuthun o bryfed genwair gwinglyd hyd y cwysi, ac ambell sigl-i-gwt yn mentro'n beryglus o agos at draed y ceffylau i ddwyn ei damaid o wleddoedd y pridd. Te ar ben talar yn ddyddiol, cael marchogaeth yn ôl i'r stabal ar derfyn dydd, a blew'r gaseg yn glynu'n chwyslyd annifyr wrth fy nghoesau pwt, adnabod adar a blodau wrth eu henwau —mewn gair, dyddiau dedwydd, dilyfethair, dyddiau o berthyn yn gyfan gwbl i'r tir a'i ryddid. Yna'n sydyn, heb unrhyw baratoad seicolegol, roeddwn i'n gaeth rhwng pedair wal, a fedrwn i ddim deall y peth. Fe gymerodd amser hir i mi ddygymod â'r newid, a setlo i lawr, a fûm i byth yn gwbl rydd ar ôl hynny. Roedd crafangau Amser wedi dechrau cau amdanaf.

Does neb o'r teulu yn byw yn yr hen gartref bellach ers blynyddoedd maith, ond bob Sul y Blodau a bob mis Awst fe af i fynwent eglwys y plwyf, Eglwys Llanddewi Aberarth. Mae hi ar fryncyn, a gallaf weld ardal fy mebyd i gyd ohoni. Anelaf yn syth at y ddwy res o feddau teuluol. Bydd pwysi o flodau o dan fy nghesail, pot o ddŵr yn un llaw, a thrywel a fforch yn y llall. Wedi glanhau'r beddau, a rhoi'r blodau yn eu lle, symudaf o garreg i garreg i ddarllen yr arysgrif ar bob un — bedd fy hen dad-cu, fy hen fam-gu, fy nhad-cu, fy mam-gu, fy nhad a fy mam, ac yna'n gyfochrog, ar eu pennau eu hunain, ond yn ymyl, bedd fy mhriod a bedd fy mrawd.

Welais i erioed mo fy hen dad-cu na'm hen fam-gu; welais i chwaith mo fy nhad-cu a'm mam-gu. 'Roedden nhw yn y fynwent cyn fy ngeni i. Welais i erioed lun ohonyn nhw chwaith. Felly, wrth synfyfyrio rhwng y beddau, byddaf yn ceisio dyfalu tybed sut rai oedden nhw o ran pryd a gwedd, ac o ran personoliaethau a chymeriadau. Ydw i'n debyg i un ohonyn nhw? Oedden nhw'n olygus, ynteu'n ddi-sylw? Oedden nhw'n garedig ac ystyriol, ynteu'n flin a dideimlad? Go brin! Ond mae'r cyfan yn bysl i mi, ac er 'mod i'n gwybod yn iawn na cha i byth ateb i'm cwestiynau, rwy'n dal i ddyfalu. Dyna beth yw perthyn!

Wedi pendroni ymhlith y beddau, edrychaf draw dros yr ardal eang, ac enwaf wrthyf i fy hun bob tŷ ffarm a welaf — Esgerarth, Lloegrfach, Pant yr Onnen, Penwenallt, Pentre, Lôn, ac wrth gwrs Caebislan, yr hen gartref. Gwelaf yr hen gymdeithas yn union fel yr oedd hi yn nyddiau fy mebyd. Gallaf enwi pob person a fyddai'n byw ym mhob un o'r ffermydd. Gallaf gofio nodweddion eu cymeriadau, dim ond fel y gwelwn i nhw wrth gwrs. Roeddwn i'n hoff iawn o'r rhan fwyaf ohonyn nhw, ac heb fod mor hoff o ambell un! Ond maen nhw'n fyw iawn, yn y cof, a minnau'n un ohonyn nhw. Pobl ddŵad ac estroniaid sydd yn y rhan fwyaf o'r ffermydd erbyn hyn, a dydw i ddim yn perthyn i'r rheiny.

Wedi cael egwyl yng nghwmni'r hen gydnabod, symudaf at wal y fynwent, a chael golygfa odidog dros fae Aberteifi; i lawr i gyfeiriad Sir Benfro, ac i fyny at ben Llŷn, mynyddoedd Eryri a'r Wyddfa fawr ei hunan. Rwy'n dal cysylltiad â'r ddau begwn, —cysylltiad teuluol agos â gogledd Sir Benfro, gan mai oddi yno y symudodd fy hen dad-cu i Sir Aberteifi, a chysylltiad personol â chyrion Eryri, gan mai yno yr wyf wedi byw am y rhan helaethaf o'm hoes. Edrychaf i lawr o'r fynwent at y pentref bach sy'n nythu rhwng codiad tir o'i ddeutu, a gwelaf yr hen ysgol bentref, ie, yr union ysgol lle profais i'r fath ddadrithiad mewn un prynhawn hirfaith, a hynny mor gynnar yn fy mywyd, yn ddim ond pedair oed. Creulon! Ond, i fod yn deg, mae llu o atgofion melys am yr ysgol hefyd, am gyfoedion direidus, hwyliog, am y triciau a chwaraeem, ac am lawer cyfeillgarwch sydd wedi para fel dur hyd heddiw.

Oddi tanaf, hyd y traeth, gallaf weld olion o'r goredi a gododd mynachod Ystrad Fflur rywdro, er mwyn caethiwo a dal pysgod ynddynt. Byddem yn cael yr hanes amdanynt yn yr ysgol. Doedd dim llawer o olion y waliau cerrig yn aros pan oeddwn i'n blentyn, ond eto roedd yno ddigon i'n galluogi ni blant i feddwl ein bod yn cael mynd i byllau nofio moethus pan aem iddynt i ymdrochi. Dyna beth all y dychymyg ei wneud! Miloedd o hwyl a sbri, lluchio dŵr yn ddidrugaredd at ein gilydd, a mynnu ein bod yn nofwyr penigamp mewn dim ond rhyw droedfedd o ddŵr. Diolch, fynachod Ystrad Fflur!

Cyn cefnu ar y fynwent, af i sefyll wrth fedd ar ôl bedd. Ydw, rydw i'n cofio hwn a hwn, a hon a hon yn iawn, a byddaf yn eu cysylltu â rhyw achlysur neu ddigwyddiad neu brofiad arbennig. Wrth ddarllen enwau dau neu dri o'm cyfoedion ysgol, bydd rhyw ias yn mynd i lawr fy nghefn, ac nid arhosaf yn hir. Yn hytrach, trof i mewn i'r eglwys hynafol, gem o eglwys yn wir, yn cael ei chadw mor daclus nes bod yn wrthrych edmygedd pawb sy'n ymweld â hi. Mawr glod i'r plwyfolion am eu gofal dros yr eglwys a'r fynwent.

I'r eglwys hon yr aem ni fel teulu. Yma y cefais i droedio fy nghamau ysbrydol cyntaf. Yma y bu fy nhad yn arweinydd y gân am flynyddoedd maith. Yma y byddwn i'n ffugio canu yn y côr plant, yn gwneud dim ond siâp ceg, a symud gwefusau, am na fedra i ganu'r un nodyn! Yma y caem ni, blant, gymaint o hwyl diniwed yn paratoi at Gymanfa'r Pasg yn Aberaeron, ac at ryw arholiadau ysgrythurol blynyddol.

Cyn gadael yr eglwys, rhaid i mi gael eistedd am ennyd yn sedd y teulu, a llifa'r atofion yn ôl. Gwelaf bawb a fyddai'n mynychu'r eglwys, yn eistedd yno fel cynt. Cofiaf eu gwisgoedd. Cofiaf y ficer yn ei wisg 'bioden', hirllaes, a chlywaf yr organyddes yn brwydro i gael nodyn o ryw fath allan o fol yr organ ar ambell fore llaith, oerllyd gefn tymder gaeaf. Er padlo'n ddidrugaredd, châi hi fawr o lwyddiant ar brydiau, ond byddem ni blant wrth ein boddau yn gweld y perfformiad! Er i mi fynychu llawer eglwys a chapel er y dyddiau hynny, gwn yn iawn mai i'r eglwys fach hon rwy'n perthyn rywsut.

Yn gorfforol, fe gefnais ar fro fy mebyd, a hynny o orfod, mae'n debyg. Yn feddyliol, chefnais i ddim am ddiwrnod. Af yn ôl yno ddydd ar ôl dydd i ddrachtio o rin y gorffennol.

Ryw ddiwrnod, ac eto o orfod, caf fy nghludo at yr eglwys fechan. Bydd y ficer yn ei wisg wen ar risiau'r fynwent yn disgwyl amdanaf. Bydd yr hen gloch yn tincial ei chnul yn groesawus. Gobeithio y caf i fynd i mewn drwy'r drws am ennyd, pe ond i gael y synhwyriad olaf.

Mae'r bedd yn barod, a phan ollyngir fi i'r pridd, byddaf yn gwybod 'mod i wedi dod adref, adref i aros, adref i'r lle rydw i'n perthyn.